這本《小小孩能做大大事》是專為10歲以下兒童所精心設計的。故事內容全採自於日常生活所發生的點點滴滴，情節活潑有趣、插圖生動可愛，彷彿它們就發生在我們的周遭。

　　你是否覺得你家的孩子也如故事中的人物？有時他們的想法讓你覺得非常好笑，好像講的話有一點歪理，但有時他們講的話卻又讓你氣得不知該說什麼。甚至有時他們的回答讓你火冒三丈，氣得想狠狠地教訓他們一頓，而他們卻還振振有詞，認為自己有理；或者你看到他們臉上後悔的表情後，卻又不忍心處罰他們。

　　其中最精彩的部分，在於故事中每位主角個性鮮明、各有其優缺點，作者真實描述每一個人在生活上所遇到的好事

與壞事。再加上一個愛講故事的爸爸，天馬行空地講述一些古老的事情或歷史典故，更令讀者可以不受時空的限制，聽到許多不曾聽過的精彩故事。這是不是讓你聯想到自己跟孩子講故事時，他們的眼神專注，嘴巴還微張，聽完後滿足地要求你再講一個的情景。

與孩子相處是一種學問，你想教導孩子，卻不想讓孩子覺得你很厭煩嗎？可以藉著講故事，把一些看似困難的事變成容易的事，使孩子冷靜下來，思考問題，找出解決的方法。

我們衷心祈願，不論聽或讀，本書都能使孩子在品格上獲得良好的造就與成長。

時兆文化編輯部謹啟

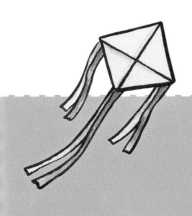

爹地是個說故事的高手，喜歡以說故事的方式教導孩子，四個孩子也很喜歡聽。

爹地

粉

墨

登

大哥，不管是功課或是體育都很強，也很聰明，但容易驕傲。

傑利

媽咪婚前是鋼琴老師，婚後專心做家庭主婦，期望麗莎以後也可以當鋼琴老師。

媽咪

場

姐姐，排行老二，做事很沒耐心，也很調皮，常捉弄米諾。

麗莎

11

大弟，非常愛講話，也很倔強，結交很多朋友，喜歡跟朋友一起打球及游泳。

朗尼

偶爾會來做客，喜歡帶米諾去逛街買東西。

外婆

小弟，六歲，
最愛吃東西和
睡覺，上學後
卻常常遲到。

米諾

場

寵物長毛狗。
不喜歡洗澡，
喜歡在爸爸後
面跟進跟出。

瑪魯

天下無難事

「真討厭，這到底怎麼做呀？」朗尼氣沖沖放下工具大聲說。他說完就把手插進口袋裡，踱著腳走出房間。

「怎麼一回事？」爹地問，從朗尼的臉色看起來，他一定又碰到不順心的事了。

「爹地，還不是那個模型飛機嘛，真煩！」朗尼說。「老是裝不好，算了！我不想再做下去了，我再也不要去碰它了。」

「那太可惜了，」爹地說。「是哪裡裝不好？」

「沒有一樣零件合適，」朗尼生氣地說。「配件合不起來，強力膠又不黏，上面糊的紙也黏得破破爛爛的。一點都不好玩。爹地，算了！那模型已被我搞得亂七八糟，我不想再去碰它了。我現在要跟朋友出去打球。」

「你打算放棄不做嗎？」爹地說。

「是的！」朗尼堅決地說，「我這輩子再也不要做什麼模型飛機了。」

「朗尼，」爹地說，「千萬不要說這種洩氣話。這麼一來，你就會什麼事都做不成。俗話說得好：『天下無難事，只怕有心人。』」

「爹地，」朗尼說，「我不想再做模型飛機了。它太麻煩、太費事了，只要有一個地方沒套好，整架飛機就組裝不起來。算了，我還是到外面去玩吧！」

「等一下，讓我看看，」爹地說，「也許事情並沒有如你想像的那麼糟。」「好吧！」朗尼嘴裡嘀咕著。「你要看就看吧！但我告訴你，一定裝不起來。」父子倆一同回到朗尼的房間裡，爹地開始察看實際的情形。

「照我看來，你並沒有完全按照『說明書』上的指示去做。如果你肯多

費點工夫，把每一個零件都按說明書的指示去安裝的話，你就不會覺得那麼困難了。」

於是爹地拾起兩根木片來 —— 那原是朗尼認為沒有用，想要丟掉的，但爹地拿起鑿子琢磨一會兒，很快就把它接合上去了。

「好了，你看！」朗尼叫了起來。「爹地，你接好了呀！」

「當然接好了，朗尼，」爹地說。「你只要肯多費一點兒功夫，再多下一點決心，就能把它做好。」

爹地用心繼續做下去，他拿起零碎的木條、木片，用鋸子鋸好，再用砂紙磨好；慢慢地模型飛機的骨架裝配好了 —— 這次是按照說明書組合的。這麼一來，又引起了朗尼的興趣。

爹地手裡一邊做著，嘴裡還一邊說明著。

「朗尼，你要知道，」爹地說，「一個人若不學會『堅持到底，絕不灰心，』他就會一輩子一事無成的。所以即使事情樣樣都不順心，也不要灰心。你一定要堅持到底，克服一切的困難才行。」

「爹地，看起來模型飛機就快要做好了？」朗尼說。

「是的，就快要做好了，」爹地一邊說，一邊靜靜地做著。「朗尼，你有聽過一名少年在加州發現油礦的故事嗎？」

「沒聽過，」朗尼說，他的眼睛仍盯在模型飛機上。

「好！」爹地說，「我講給你聽。這名少年是在一百多年前到加州的。

他一直認為在一個名叫『芬杜拉』的地方可以找到油礦。因此，他和他的朋友就決定在那裡的地面上鑽洞取油。那時，他們還沒有現代的新式掘井機，只靠舊式的鑽孔器，用自己的雙手把它打進地底下，再利用樹幹彎曲的彈力，把鑽孔器從地底下拉起來。他們用了三十天的時間，就這樣一次又一次地將鑽孔器打到地底下，然後又利用彎曲樹幹的彈力把它強拉出來。但過了很久，都沒有油冒出來，他們漸漸絕望。好幾次他們都想要放棄不做了。但是他們並沒有那樣做，結果，等他們將鑽孔器打到三十英尺深的時候，油終於從地底下冒出來。」

「爹地，當心你的手指頭！」朗尼說。「不要被鑿子鑿傷了。」

「謝謝你提醒我，」爹地說。模型飛機越來越成型了。「讓我繼續講他

19

們在加州挖油礦的故事吧！他們從油井所鑽到的油，卻只有一點點，於是他們越過山谷那一頭，從頭做起，再鑽一個三十英尺的井。可是，這次所得到的油，還是少之又少。接著他們又再鑽一次。這一次，他們卻什麼也沒有得到──連一滴油也沒有！」

「運氣可真差。」朗尼說。

「我想也是，」爹地說。「可是他們並不灰心，也不放棄。他們認為那只是因為他們所鑽的井還不夠深。他們就決定：要繼續鑽下去，直到他們獲得他們所想要的油量為止。」

「爹地，當心那些機翼上的薄紙，它們可是很容易就被撕破的！」

「是的，我知道，」爹地說。「那兩個少年又重新再鑽一次。他們儘量地鑽下去，非常辛苦，一天又一天，一週又一週，一月又一月的，只能用

那種原始的工具繼續不停地鑽。你猜猜看，這一次他們鑽了多深？」

「一百英尺吧？」朗尼說。

「不止，是六百英尺！」爹地說。

「我不曉得他們是怎麼鑽的，但是他們居然鑽了那麼深的一口井。」

「有沒有油流出來？」朗尼問。

「當然有呀！那石油就像江水急流般滔滔的湧出，光是一天就流了一百五十桶呢！這就是美國加州石油大亨的創業故事，它也是如今享譽全球的『標準石油公司』，就在那一天，這間公司透過兩名少年的決心和毅力成立了。所以我們每次加汽油時，都應該記得：這都要歸功於那兩名孩子不懈的精神。」

「這架飛機看起來挺不錯的啊！爹地！」朗尼說。

「有始有終，這才是你應該有的精

神。」爹地說。

兩天以後，黏著劑乾了；朗尼就拿著模型飛機去參加試飛比賽。他玩起來特別興奮。結果他贏了。當然，爹地曾幫他一部分的忙，可是，無論如何，最後的工作還是他自己完成的。它沒有成為工作檯上一堆亂七八糟、無用的東西，而是變成一架真正的模型飛機。當它在空中飛翔的時候，朗尼就會對自己說：「天下無難事，只怕有心人。」他永遠不會忘記爹地所說的那個故事：一再嘗試，直到發現石油的少年……。

2

太貪心

米諾有一個壞習慣，他總喜歡拿最好或最大的東西，二哥朗尼和大哥傑利每次都嘲笑他，還給他取了不少的綽號，可是這些綽號對他來說，一點都沒有用。

媽咪也對他的這個壞習慣覺得很不高興，尤其是帶他去參加宴客或是其他公開場合的時候，米諾的貪心總讓媽咪很難為情。但她該怎麼辦呢？媽咪對這件事想了又想，就去找外婆商

量——外婆就住在後面的一條街上。

幾天之後，孩子們都非常高興地接到外婆的邀請。因為外婆都會預備許多好吃的菜餚，所以這次他們都很高興地期待那一天來臨。

外婆請客的那一天終於來了，他們要去吃晚飯了，這是米諾最迫不及待的時刻。

桌子上放滿了許多好吃的東西，有各式各樣的菜餚，還有許多點心、糖果、水果……。

米諾的眼睛緊盯著那些盤子、碟子裡的食物。「哈哈！」他心想，這些東西要是只給我一個人吃，那該有多好呀！

隨後他又注意到水果盤裡的一個大蘋果。那是他從來沒見過的大蘋果。這時候他就決定吃完飯後要先挑蘋果來吃。他又看看旁邊的食物，覺得還

是等到吃飯的時候再決定好了。

等到他們到齊，大家坐好後，晚餐就開動了。可是米諾很快就對飯菜不感興趣了。他想要吃放在桌子那邊，一個大盤子裡的餡餅，他看中了一個又大又厚的餡餅，他能夠得到嗎？那個餡餅會不會又被他那兩個哥哥先搶到手呢？

這時候外婆把裝餡餅的盤子端過來，遞到每個人的面前，讓他們每個人都選一個。傑利和朗尼都拿了比較小的餡餅。

「餅裡面的餡好多啊！他們真笨，沒看到那個

最大的！」米諾心想，要是我能夠拿到那個最大的餡餅，那該有多好！

現在輪到米諾了，那個最大的餡餅還在盤子裡，當然，他開開心心地伸手拿了。

可是他很快就大失所望了。他把餡餅剝開來看，那裡面竟然空空的，什麼餡也沒有。

可憐的米諾！他的眼淚都快要掉出來了。可是好像沒有人注意到他！他就一口一口地咬著沒有餡的餅皮，偶爾用眼睛瞄一下兩個哥哥，但他們的表情都很快樂地大口大口吃著。

過一會兒，外婆把水果盤遞過來，正好先遞到米諾面前。他滿心高興地想著，這下子總算可以拿到最大的蘋果了，這也算是一個補償吧！他相信哥哥們一定也看中了這顆大蘋果，只是他先拿到了。

　　米諾立刻伸手從盤子裡抽出那顆大蘋果，但他這樣做，放在上端的好幾顆蘋果、橘子及梨子就都滾到桌子下去了。米諾的媽咪雖看不慣米諾的行為，卻又不便當著大家的面罵他。

　　米諾馬上就用力地咬一下去，可是他覺得不對勁！嘴巴苦苦的，他張大口再一次用力咬下去，發現——原來那顆蘋果的中間是爛的！

　　這時別人好像還是沒有注意到他，也沒有人對他說什麼話。每個人都津津有味地吃著自己手上的水果。

　　然後是巧克力糖。這時米諾因為太失望已不顧一切了。「我應該拿中間那兩塊最大的巧克力糖，來彌補我剛才的損

失，」他一邊自言自語，一邊將放在中間的兩塊最大的巧克力糖抽了出來。

「咦，到底是怎麼搞的！」他心裡埋怨著，臉兒漲得紅紅的。「這巧克力糖真難吃呀！」原來那糖裡有辣味又不甜，他好不容易勉強吞了一塊，心想另一塊應該不會再這樣子。可是他嚐了另一塊後還是一樣，他皺起眉頭，不得不把它放下，糖實在太難吃了。可是他覺得很奇怪，為什麼哥哥們都吃得那麼津津有味呢？

在回家的路上，大哥傑利開心地說著：「今晚吃得真飽，對不對？」

「有什麼好開心的？」米諾生氣地大叫。

「我看你好像很不高興的樣子，」大哥偷笑說，「到底是怎麼回事？」

「怎麼一回事？」米諾狠狠地大聲

30

說，「我吃的每樣東西都是壞的，雖然每次我都是挑最大最好看的。」

「這大概就是原因吧！米諾！」大哥會意地笑笑說，「我想，如果我是你，下次我就會把最大和最好看的東西先讓給別人吃。」

那天晚上米諾上床之後，一直無法入睡。這其中有兩個原因：第一個是因為他心裡很難過，沒吃到什麼美味的東西，另一個原因是他想起了哥哥對他所講的話。他想了半天，決定以後還是多聽從哥哥的話——不要太貪心了。

朗尼安靜了

朗尼是一個愛講話的孩子，一天到晚講個不停，就像一台每天播放的收音機。

什麼時候只要他開始講話，就說個沒完沒了。他滔滔不絕，總有話題可講，一直講到每個人都感到頭疼，渴望他上床的時候來到，好讓他早點去睡覺。

並且每逢大家要講話的時候，他總是搶著要先講，並且還是他結束，連

中間也是他講的話最多。

　　至於辯論，那就更可怕了！對於每一樣東西以及任何事情，他都可以辯得沒完沒了的，好像他對於所談論的每件事情或每個題目，都比任何人清楚。

33

可是如果要他去辦點小事，或者請他去幫忙傳個口訊，他總是囉唆個半天，他一定要把事情問個仔細，直到媽咪感到厭煩，覺得不如自己去還比較快。

「朗尼，」有一天爹地說話了，「如果你不停止你這種無休止的多話和好辯，總有一天你會遭到惡果的。」

果然，沒多久，朗尼罹患了耳下腺炎。他不能說話，這對他來講，真是極其難受。可是，耳下腺炎痊癒之後，他又故態復萌，一如從前照樣多話了。

但是就在這一段朗尼安靜的時期，爹地想了一個好主意。

有一天，朗尼又開始跟爹地辯論。他說看不出有什麼理由，他不能在今天下午踢足球。草地就算是濕的，還是有其他人也在踢足球啊！並且他有

很好的球鞋， 他的同學也都在等他。
他也不怕傷風感冒， 就算傷風或感冒
了， 他也不在乎， 他從來就沒有病很
久——除了患耳下腺炎那一次之外；
就連那次患病也沒什麼大不了的， 何況
這時候外面已開始出太陽， 再不去就
來不及了， 而且……， 而且……。

「夠了， 朗尼！」爹地插嘴打斷他
的喋喋不休， 「我實在聽夠了。 像你
這樣只管自說自話， 簡直叫這屋子裡
的人都無法思考了。 這就是你的壞習
慣， 只要你願意改掉， 你一定能很快
改正過來。」

朗尼聽了覺得很詫異， 一時之間他
把踢足球的事也忘了， 只是站在那兒
呆呆望著爹地。

爹地接著說：「從現在起， 你要停
止這一切無謂的辯論。 就從這時刻開
始， 我要你練習安靜。」

「練習安靜？」朗尼以驚奇又緊張的心情不斷重複這句話，「這叫我怎麼辦得到？」

「我來告訴你方法吧！」爹地接著說。「你一定可以練習讓自己安靜，我相信你可以辦得到的；因為在你患耳下腺炎的時候，這間屋子就非常的安靜。現在，我所規定的辦法是這樣的：以後每當你要開始與別人辯論的時候，就得先被禁止說話半小時。」

「哎呀！」朗尼叫了起來，好像有什麼可怕的事要臨到他頭上一樣。接著他又暗自高興起來。「可是，如果在吃飯的時候，我想要一點醬油，我還要添一碗飯，再喝一碗湯或者我想起學校裡的什麼重要事要告訴你，或者……如果……。」

「你又來了，」爹地說。「我想我們最好就從現在開始實行吧！我看，

現在是六點鐘；你從現在起，要絕對保持安靜一直到六點半。」

「可……可……可……可是，」朗尼又想要說話了。

「一句話都不許說，」爹地嚴厲地說，朗尼明白爹地真的生氣了。

在這半小時之內，屋子始終保持著安靜的氣氛。但半小時過後，朗尼好像一條被阻塞的急流，突然又湧出水來，他又開始滔滔不絕地講話。

「朗尼，」爹地說，「我可不是跟你開玩笑的。這一次你要認真了，你必須再安靜半小時。」

起初有一段時間，朗尼感到非常的難受，爹地不知費了多少個半小時來糾正他這個惡習慣，但最後這個方法還是成功了。

以後凡是認識朗尼的人，都紛紛的說：「真奇怪，朗尼不知道是怎麼回

事，現在竟然變得安靜多了。他再也不多話愛辯論了。他現在已成為一個乖孩子！」

朗尼自己也感覺到，自從他不再愛跟人爭辯後，朋友越來越多，自己也越來越快樂。他終於了解太多話的壞處了。

4

愛ㄞˋ吃ㄔ的ㄉㄜ米ㄇㄧˇ諾ㄋㄨㄛˋ

有ㄧㄡˇ一ㄧ天ㄊㄧㄢ下ㄒㄧㄚˋ午ㄨˇ，外ㄨㄞˋ婆ㄆㄛˊ要ㄧㄠˋ帶ㄉㄞˋ米ㄇㄧˇ諾ㄋㄨㄛˋ上ㄕㄤˋ街ㄐㄧㄝ買ㄇㄞˇ東ㄉㄨㄥ西ㄒㄧ，米ㄇㄧˇ諾ㄋㄨㄛˋ非ㄈㄟ常ㄔㄤˊ高ㄍㄠ興ㄒㄧㄥˋ，他ㄊㄚ們ㄇㄣˊ準ㄓㄨㄣˇ備ㄅㄟˋ好ㄏㄠˇ就ㄐㄧㄡˋ出ㄔㄨ發ㄈㄚ了ㄌㄜ。

他ㄊㄚ們ㄇㄣˊ來ㄌㄞˊ到ㄉㄠˋ一ㄧ家ㄐㄧㄚ雜ㄗㄚˊ貨ㄏㄨㄛˋ店ㄉㄧㄢˋ，一ㄧ進ㄐㄧㄣˋ門ㄇㄣˊ就ㄐㄧㄡˋ看ㄎㄢˋ見ㄐㄧㄢˋ老ㄌㄠˇ闆ㄅㄢˇ娘ㄋㄧㄤˊ滿ㄇㄢˇ臉ㄌㄧㄢˇ笑ㄒㄧㄠˋ嘻ㄒㄧ嘻ㄒㄧ地ㄉㄜ過ㄍㄨㄛˋ來ㄌㄞˊ跟ㄍㄣ他ㄊㄚ們ㄇㄣˊ打ㄉㄚˇ招ㄓㄠ呼ㄏㄨ：「老ㄌㄠˇ太ㄊㄞˋ太ㄊㄞˋ您ㄋㄧㄣˊ好ㄏㄠˇ。今ㄐㄧㄣ天ㄊㄧㄢ要ㄧㄠˋ買ㄇㄞˇ點ㄉㄧㄢˇ什ㄕˊ麼ㄇㄜ東ㄉㄨㄥ西ㄒㄧ？」米ㄇㄧˇ諾ㄋㄨㄛˋ的ㄉㄜ外ㄨㄞˋ婆ㄆㄛˊ就ㄐㄧㄡˋ跟ㄍㄣ老ㄌㄠˇ闆ㄅㄢˇ娘ㄋㄧㄤˊ開ㄎㄞ始ㄕˇ聊ㄌㄧㄠˊ起ㄑㄧˇ來ㄌㄞˊ了ㄌㄜ，外ㄨㄞˋ婆ㄆㄛˊ一ㄧ邊ㄅㄧㄢ和ㄏㄢˋ老ㄌㄠˇ闆ㄅㄢˇ娘ㄋㄧㄤˊ說ㄕㄨㄛ說ㄕㄨㄛ笑ㄒㄧㄠˋ笑ㄒㄧㄠˋ，一ㄧ邊ㄅㄧㄢ挑ㄊㄧㄠ選ㄒㄩㄢˇ需ㄒㄩ要ㄧㄠˋ的ㄉㄜ物ㄨˋ品ㄆㄧㄣˇ。因ㄧㄣ為ㄨㄟˋ店ㄉㄧㄢˋ裡ㄌㄧˇ所ㄙㄨㄛˇ賣ㄇㄞˋ的ㄉㄜ東ㄉㄨㄥ西ㄒㄧ價ㄐㄧㄚˋ格ㄍㄜˊ都ㄉㄡ很ㄏㄣˇ公ㄍㄨㄥ道ㄉㄠˋ，也ㄧㄝˇ很ㄏㄣˇ新ㄒㄧㄣ

鮮，所以米諾的外婆就成了這家店的老主顧。

米諾在一旁站著，只見四周都是一些既好看又好吃的東西：玻璃櫃裡陳列著一些盒子，裡面有白色方糖、細鹽及日用品。另一邊櫃子裡有一大堆各式各樣的罐頭食品和瓶裝的醬油、果醬……。

米諾的外婆和老闆娘仍繼續說說笑笑。但時間過得很快，米諾開始感到飢餓了。

你可以想像得到，當一個人走了很長的一段路，進入一間擺滿食物的店裡，他會有什麼樣的感覺。對的！米諾當時的感覺就是那樣，並且他只不過是一個六歲大的小男孩，或許因為這緣故，你對於他下一步所做的事，就不會太苛責了。

事情就這樣發生了：在另一邊擺著

許多種水果的架子上，　有一大盒看起
來很甜的黑莓。　米諾多愛吃黑莓呀！
並且在他的眼前就擺著滿滿的一大盒
！

　　他伸出手，　心想他只不過拿一個來

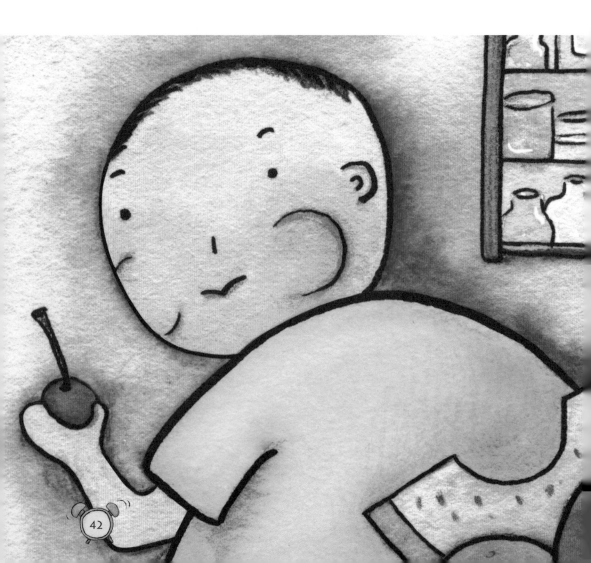

試吃看看，可是卻有一個微小的聲音對他說：「不行，米諾，你不可以那樣做；不然，你就是小偷了。」可是他又想，既然有滿滿一大盒，只拿一個，絕對沒有人會發現的。於是，米諾不理會那個聲音，他用肥肥的小手從盒子裡拿出一個黑莓塞進嘴裡，真甜啊，真好吃！他忍不住又拿了第二個。真的太好吃了！這時候他聽見外婆親切的呼喚聲。

「米諾，米諾，你在哪裡呀？」原來是外婆的聲音。

「我在這裡，外婆。」米諾趕快在褲子上擦擦手，跑到外婆面前。

「來吧！小寶貝，」外婆說，「我的東西已經買好了，我們回家吧！你能不能幫我拿點東西呢？好孩子，外婆帶你出來買東西，今天你表現的很好喔！」

米諾替外婆拿著一小袋東西，　開了店門走出去。

走了一陣子後，　外婆忽然停下了腳步。　「米諾，　看著我！　」外婆一臉驚嚇地說。

米諾慢慢地抬起頭來，　試圖顯示他是無辜的。

「你臉上這些黑色印子是什麼，　米諾？　」外婆問他。

「什麼黑印子？　」米諾故意裝作聽不懂外婆的話。

「你的嘴邊都是黑色的。　」

「我不知道呀！　」米諾支支吾吾地回答。

「米諾，　你吃了黑莓，　對不對？　」外婆問他。

米諾的頭低了下來，　「我只吃了兩顆。　」

「你從哪兒拿的？　」外婆問。

「雜貨店裡。」

「老闆娘說你可以拿嗎？」

「沒有。」

「你是說，你沒有問老闆娘一聲，就自己拿來吃了嗎？」

「是的……」

「米諾，你不可以這樣做。我們回家想想該怎樣解決這件事。」

米諾哭了，他心裡非常難過。雖然這時候他還是跟外婆走在一起，但他的心情已不像剛才出門時那麼欣喜雀躍了。

回家以後，外婆把他抱在膝上，告訴他擅自拿別人的東西是不對的；他現在必須回到老闆娘那裡，賠償他所吃的黑莓並且向她道歉。

「我真的不想回到

那裡去。」米諾哭著說。

「我知道那很難做得到，」外婆說，「但這是唯一的解決方法。我們現在就去！但我們要去之前，先把你的撲滿拿來。」

「你要我用自己的錢去付黑莓？」

「是的。」

「可是，那就會把我所有的錢都用光了，」米諾難過地說。

「不會的，」外婆說，「不會用光你所有的錢，你所吃的黑莓，只需要付二十元就夠了。」

「只要一、二十元！」米諾說，「只要付給老闆娘那些錢就行了嗎？」

「是的，」祖母溫柔地催促著，「我們現在就去吧！先擦擦你的眼淚及嘴巴，你要作個勇敢誠實的小孩。」

於是，米諾和外婆很快就走到那間雜貨店。到了門口，米諾遲遲不敢走

進去。

「米諾，你怎麼又回來了呢？」老闆娘問，「是不是外婆忘了東西？」

「不，」米諾慢慢地說，「其實是我……」

「你！你忘了什麼東西嗎？」

「不是，是我……忘了給錢，我吃了您的黑莓，外婆說要付錢。我……我事先沒問您一聲，就吃了兩顆黑莓，對不起！」

於是米諾把那些零錢放在櫃檯上，隨即轉身想跑出去，但是老闆娘把他叫住。

「回來，米諾，等一下。」

米諾低頭慢慢走回來，他想他一定會被老闆娘罵的。

「你忘了一些東西。」老闆娘笑嘻嘻地說，還遞給他一個紙袋。

「不，」米諾說，「我沒有忘記什

麼東西。　」

「這袋是要送給你的。　」老闆娘親切地說，「裡面有一些好吃的東西給你當點心吃。　」

她把那包東西放到米諾的手上，然後叫他快點走出去，外婆在外面等。米諾看見她的眼睛含著淚珠微笑著，他不知道為什麼，他的心裡只想著趕快去找外婆吧！

他看到外婆，大聲嚷道：「外婆，外婆！妳看，這袋子裡的東西都是老闆娘送給我的！　」

外婆打開一看，原來裡面都是一些好吃的點心。外婆一副好像知道什麼事的樣子，她也笑了！

好心有好報

爹地開著車子，麗莎坐在旁邊，媽咪跟朗尼、米諾坐在後座。

「爹地，你看！路上怎麼會有一個箱子？」麗莎忽然大叫。

爹地大老遠就看見了，他很快踩了剎車，在箱子前面停下來。麗莎第一個跳下車，朗尼與米諾緊跟在後。大家一擁而上，想看看箱子裡面裝的是什麼東西。

他們把箱子翻來覆去，弄了半天才

把箱子打開。

「媽咪，快過來看！這裡有好多小嬰兒穿的衣服——真漂亮呀！它們可以給我的洋娃娃穿，太棒了！」

「這是別人的東西，他們掉了這麼好的一箱物品，心裡一定很著急，」媽咪說，「我們要怎樣才能找到失主呢？」

「不用還給他們嘛！」麗莎失望地大聲說，「媽咪，我正想要這種衣服呢！我的洋娃娃穿起來一定非常好看的！」

「麗莎，這怎麼行？」媽咪說，「這是別人的東西，不還給人家和偷東西沒兩樣，不是嗎？」

他們把箱子放進車裡，開回家去。他們再一次打開箱子，希望能找到有關失主的資料。媽咪在箱內發現失主的名字後，就在電話簿裡尋找那人的

名字，隨即打電話過去。那個丟了箱子的太太聽到她的東西被好心人撿到了，好高興啊！

過了幾天，那位太太來領回她的失物。她臨走前謝了又謝，一定要他們收下一點小禮物。

「真可惜，」麗莎等那位太太離開後一臉失望的說，「如果我們找不到

失主的名字，那有多好呀！」

「孩子，」媽咪說，「但這樣的結果不是更好嗎？如果妳不還給她，妳一定不會快樂的，因為妳每次看見那些衣服的時候，就會覺得自己是一位侵佔者。但現在呢？我們結交了一個新朋友，她還非常感謝我們呢！」

「媽咪，妳說的對，」麗莎說，「不過我還是很希望我的洋娃娃能有那些衣服穿。」

後來，有另外一件事發生了──老實告訴你，這可是千真萬確的！一星期之後，爹地帶著全家人一起到遠處旅行。因為東西較多，就把幾件行李綁在車頂上。那天一清早就動身了。一路上他們高高興興地朝著目的地行駛。等到他們要吃午飯了，才在路邊休息坐下來吃點心。

忽然間，他們發現綁行李的繩子鬆

開了。

「怎麼少了一個箱子？」爹地叫了起來。

「是誰的？」媽咪問。

「麗莎的，」爹地說，「一定是在上一段巔坡路的時候弄丟的。」

「是我的？」麗莎聽了跳起來說，「我的衣服和重要的物品都在裡面。真是糟透了。真的是我的箱子嗎？」

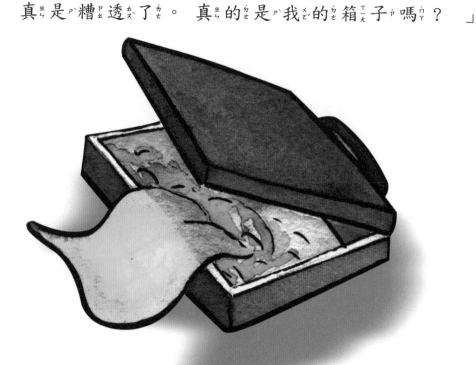

「是的，」爹地說，「不知道掉落在什麼地方，我想我們沒辦法再回頭去找了。」

「真奇怪，上個星期我們撿到一個箱子，今天我們丟掉一個！上次我們把箱子還給人家，或許這次……人家也會把箱子送還給我們。」媽咪忽然想起什麼似地說。

「妳真的這樣想嗎？」麗莎說。

「我真的這樣想。」媽咪說，「讓我們在開車之前，先把這件事告訴上帝吧！」

於是他們就在路邊一同禱告。媽咪把近日遺失兩個箱子的事情告訴了上帝，請求祂幫助他們找回麗莎失去的箱子。

然後，爹地把車子往回開，開回前五哩路左右，但一路上也找不到。後來他們就到鄰近的城市，在當地的報

紙上登了一則廣告，看看以後會不會有什麼消息。

一天、兩天、三天過去了，還是沒有任何消息。麗莎只好穿著那件四天前從家裡動身時所穿的衣服。

信不信由你！旅行到了第四天，他們接到一封信，信上說麗莎的箱子找到了。

你想麗莎有多高興啊！她心想，一定是上帝讓她好心有好報的。

誰撿到
就算是誰的

這一天，麗莎回家吃飯的時候，興奮得連話都說不出來了。

「媽，妳看，這是我撿來的！」她氣喘吁吁地說。

「妳手裡拿的是什麼東西呀？」媽咪叫起來。「那不是一個錢包嗎？」

「對呀！就是錢包呀！」麗莎大聲說。「好漂亮的一個小錢包，裡面還

有ㄧㄡˇ不ㄅㄨˋ少ㄕㄠˇ的ㄉ錢ㄑㄧㄢˊ！ 哈ㄏㄚ哈ㄏㄚ！ 我ㄨㄛˇ有ㄧㄡˇ錢ㄑㄧㄢˊ可ㄎㄜˇ以ㄧˇ買ㄇㄞˇ東ㄉㄨㄥ西ㄒㄧ了ㄌㄜ。 」

「 我ㄨㄛˇ看ㄎㄢˋ看ㄎㄢˋ， 」媽ㄇㄚ咪ㄇㄧ說ㄕㄨㄛ， 她ㄊㄚ打ㄉㄚˇ開ㄎㄞ來ㄌㄞˊ一ㄧˋ看ㄎㄢˋ。 「 妳ㄋㄧˇ說ㄕㄨㄛ的ㄉ不ㄅㄨˊ錯ㄘㄨㄛˋ， 麗ㄌㄧˋ莎ㄕㄚˊ， 裡ㄌㄧˇ面ㄇㄧㄢˋ將ㄐㄧㄤ近ㄐㄧㄣˋ有ㄧㄡˇ三ㄙㄢ千ㄑㄧㄢ元ㄩㄢˊ啊ㄚ。 」

「 哦ㄛˊ！ 」麗ㄌㄧˋ莎ㄕㄚˊ叫ㄐㄧㄠˋ了ㄌㄜ起ㄑㄧˇ來ㄌㄞˊ， 嘴ㄗㄨㄟˇ張ㄓㄤ得ㄉㄜ大ㄉㄚˋ大ㄉㄚˋ的ㄉㄜ， 眼ㄧㄢˇ睛ㄐㄧㄥ也ㄧㄝˇ煥ㄏㄨㄢˋ發ㄈㄚ著ㄓㄜ喜ㄒㄧˇ悅ㄩㄝˋ的ㄉㄜ光ㄍㄨㄤ彩ㄘㄞˇ。

「妳想留下來自己用嗎？」媽咪一臉疑問。

「為什麼不行？」麗莎反問，她的聲調帶著少許的害怕。「誰撿到就算是誰的，不是嗎？」

「不可以這樣做！」媽咪說，「妳想想看，假如這個錢包是屬於一位窮媽咪的，她在上街買東西的時候不小心掉了，這裡面的錢可能是她全家一星期的生活費。」

「可是，媽，它被我撿到了呀！」

「好孩子，我知道是妳撿來的，但這是別人遺失的，妳應該想想有什麼方法能交還給別人才對。妳設身處地的想想，如果換作是妳弄丟了錢包，但別人卻把它佔為己有，妳的心情如何呢？難道妳不會覺得難過嗎？」

「我沒有想過這種事，」麗莎說，「我想我也會很難過的。」

「是啊，我猜妳也會很難過的，」媽咪說，「要記得：『己所不欲，勿施於人』。」

「我看我最好還是把它送回去，」麗莎插嘴說。「可是我該怎麼做？」

「最適當的辦法就是先把它送到警察局，」媽咪說，「他們會先代為保存，看有沒有有人去認領。」

「好極了，那就這麼辦吧！」麗莎笑著說，「我現在就把它送過去。那位掉了錢包的媽咪，現在一定非常難過。」

於是，麗莎拿著錢包，馬上飛快地跑出去。

在路上，她遇見了同學——莉莉。

「這麼慌慌張張的，究竟發生了什麼事？」莉莉問。

「我在街上撿到了一個錢包，我現在正要把它送到警察局。」

61

「裡面有沒有錢呢？」

「將近三千元。」

「那妳可以留下來自己用呀！」莉莉說，「為什麼不留下來呢？」

「不行！」麗莎堅決的說，「這錢包有可能是一位窮媽咪遺失的，她為這件事一定難過極了。我要儘快交到警察局。」

「妳真笨！」莉莉說，「妳幹嘛為別人擔心？」

「也許我很笨，」麗莎說，她已經有點不耐煩了，「但是，無論如何，我還是要快點把它送到警察局。」

到了警察局，麗莎說明來意。警察伯伯聽完後笑著稱讚她，說她真是鎮上最誠實的女孩子。後來他記錄麗莎的姓名和住址，又記下錢包的質料和內容物。麗莎離開警察局時，心裡覺得非常快樂，好像有人留下百萬遺產

給她似的。

但她的快樂並不是到此為止而已。

當天晚上，就有人來敲她家的門，麗莎連忙跑去開門，一看原來是學校裡的珍妮老師，她是麗莎每天都會碰到的人。

「麗莎，」珍妮老師說，「我剛從警察局領回我的錢包，他們告訴我是妳送去的。我特地來謝謝妳，我想我應該送一點小禮物給妳，以表達我的謝意。」

「不用，不用！」麗莎叫道，「請不要這麼說，珍妮老師。我很高興能幫助您找回錢包。我真沒有想到那個錢包是您的，不然的話，我就會直接送到您家裡的。」

「我知道妳一定會的，」珍妮老師說。「不管怎樣，麗莎，我還是很感謝妳！」

　　珍ㄓㄣ妮ㄋㄧ老ㄌㄠ師ㄕ離ㄌㄧ開ㄎㄞ了ㄌㄜ之ㄓ後ㄏㄡ，　麗ㄌㄧ莎ㄕㄚ望ㄨㄤ著ㄓㄜ她ㄊㄚ的ㄉㄜ媽ㄇㄚ咪ㄇㄧ，　兩ㄌㄧㄤ人ㄖㄣ的ㄉㄜ臉ㄌㄧㄢ上ㄕㄤ都ㄉㄡ露ㄌㄡ出ㄔㄨ了ㄌㄜ會ㄏㄨㄟ心ㄒㄧㄣ的ㄉㄜ微ㄨㄟ笑ㄒㄧㄠ。

　　「幸ㄒㄧㄥ虧ㄎㄨㄟ我ㄨㄛ把ㄅㄚ它ㄊㄚ送ㄙㄨㄥ到ㄉㄠ警ㄐㄧㄥ察ㄔㄚ局ㄐㄩ去ㄑㄩ了ㄌㄜ，　」麗ㄌㄧ莎ㄕㄚ說ㄕㄨㄛ，　「要ㄧㄠ是ㄕ我ㄨㄛ留ㄌㄧㄡ下ㄒㄧㄚ來ㄌㄞ，　又ㄧㄡ把ㄅㄚ它ㄊㄚ帶ㄉㄞ到ㄉㄠ學ㄒㄩㄝ校ㄒㄧㄠ裡ㄌㄧ使ㄕ用ㄩㄥ，　被ㄅㄟ珍ㄓㄣ妮ㄋㄧ老ㄌㄠ師ㄕ看ㄎㄢ見ㄐㄧㄢ了ㄌㄜ，　那ㄋㄚ多ㄉㄨㄛ難ㄋㄢ為ㄨㄟ情ㄑㄧㄥ呀ㄚ！　到ㄉㄠ時ㄕ候ㄏㄡ如ㄖㄨ果ㄍㄨㄛ我ㄨㄛ又ㄧㄡ花ㄏㄨㄚ光ㄍㄨㄤ了ㄌㄜ她ㄊㄚ的ㄉㄜ錢ㄑㄧㄢ，　那ㄋㄚ我ㄨㄛ在ㄗㄞ她ㄊㄚ面ㄇㄧㄢ前ㄑㄧㄢ一ㄧ定ㄉㄧㄥ丟ㄉㄧㄡ臉ㄌㄧㄢ死ㄙ了ㄌㄜ。　」

　　「還ㄏㄞ好ㄏㄠ妳ㄋㄧ做ㄗㄨㄛ對ㄉㄨㄟ了ㄌㄜ！　」媽ㄇㄚ咪ㄇㄧ笑ㄒㄧㄠ著ㄓㄜ說ㄕㄨㄛ。

自大的後果

　　傑利是個既聰明又能幹的男孩，他在許多方面都很出類拔萃，可是卻有一個缺點，那就是太過驕傲，也喜歡講大話。

　　他在各種運動項目的技能，使他成為男孩子們的領袖。可是所有的男孩子私底下卻都很討厭他，因為他總是誇耀他自己的本領，也從來不聽別人的話，並且喜歡用一種盛氣凌人的態度來打斷別人說話，勉強別人來聽他

的經驗。如果有人說他看見一隻好大的青蛙，傑利就會說：「那算什麼！上星期我看見的青蛙比你講的還大得多呢！」

最後，所有的孩子都對傑利說的大話感到厭煩，於是開始商量，如何想出一個辦法來制止他，哈瑞說：「傑利的牛皮越吹越大，應該用一根針刺破它。」

可是該怎麼做呢？那的確是一個問題。有人提議用武力把他的頭按到河裡，讓他喝幾口河水；不過傑利身強體壯，沒有人敢跟他打架。這時哈瑞想出了一個好計策。

「把他的頭按到河裡不是一個好法子，」他說，「你們有沒有想過，為什麼傑利在我們面前會那麼神氣？」

「沒有，為什麼呢？」大家說，「有什麼特別的道理嗎？說來聽聽！」

他們一心想找出辦法來。

「我告訴你們吧！」哈瑞說。「因為每次運動會傑利都包辦了好幾項冠軍，所以他就越來越看不起我們，覺得我們技不如他。如果我們要他不再說大話，最好的辦法就是加緊練習，才能在運動會的競賽中勝過他。」

「這個主意太棒了！」另外一個孩子說，「如果傑利沒有一項比賽能得到冠軍，要不了幾星期，他就會改變態度的。」

「對呀！」哈瑞說，「可是，要怎麼勝過他，這就是我們的問題了。我們何不偷偷的練習，在運動會那天讓他大吃一驚？」

一個面色蒼白的孩子隨即應聲說：「我看不出有什麼好法子，可以讓每個人的運動都能練得很好，並且勝過他。」

「那不如這樣吧！」哈瑞說，「我們每一個人都苦練一兩項運動，有的苦練賽跑，有的苦練跳高。我要苦練壘球，下次我第一棒就要把他三振出局。」

「好啊！」大家歡呼著，「看我們怎樣把他打垮！」

哈瑞的計策果然使大家都開始動員起來。他們的媽咪和老師很快就發覺到孩子們有了改變，因為幾乎每個人都在苦練他們在「祕密會議」中所選定的一兩項運動。很快的，傑利也發現這件事情了，不過他並不知道這些練習都是為了對付他的。日子久了，他也開始注意到有些事不尋常。

因為平時在操場裡，他總是跑得最快、跳得最高的，可是現在漸漸有人超越他，他已經不再是第一名了。

校慶運動會終於來了。傑利以為這一次又是他一顯身手的機會了。平日因為他太自信，就很少練習；而別的孩子卻抱著要達成目的的決心，加緊地用功練習。因此在這次運動會的各項比賽中，他都吃了大敗仗。

賽跑他獲得第四名，跳高連前三名都沒入選，跳遠也只得第三。若是以前，這些項目他都能輕而易舉地得到第一名。

最後，他認為還有一項運動可以讓自己扳回面子，那就是壘球。因為他是個很強勁的打擊手，他一向也以此自豪！

壘球比賽對學生來說，一向都是一件大事，至少在孩子們的眼裡，它是

件大事，因為這項活動是在市立體育場舉行，來觀賞的人也很多。

傑利最先上場，他告訴別人，只要他上場至少可以跑個十圈。他握著球棒昂首闊步地走上去，經過球場時還像職業球員一樣，向觀眾揮手。可是出於他意料之外，他竟然一上場就立刻被「三振出局」了。

第二局哈瑞上場。他的機會來了，因為他每天早晚努力不懈地跟著爸爸苦練打擊，使他對於各種變化球都有信心能把它打得遠遠的。他的眼光特別準確敏銳，當投手一投球出來，大家就看見哈瑞立刻把球遠遠地擊出，左外野手還沒接到球以前，他就已經跑到三壘了。左外野手一接到球，急忙把球丟給當捕手的傑利，傑利居然漏接了球，使得哈瑞一下子就衝回「本壘」了。

那天哈瑞一連贏得兩分，第二次也是因為傑利沒有擊中球——他的本領實在很不錯，但因為稍早之前的漏接事件而使他表現失常，因此連一分都沒有得到。

比賽結束後，大夥兒熱烈地圍著哈瑞，大聲稱讚他的表現，把他當作英雄看待。

至於傑利呢？沒有一個人會想到，他就是兩小時前昂首闊步走進球場裡的那個人。

「怎麼樣？有沒有跑了十圈呀？」有人在後面嘲笑他。

傑利只能低著頭走開，他從那次運動會中得到了教訓。從此以後，他再也不敢太驕傲自大了。

8

帶路的小男孩

有一天，傑利和朗尼的爹地跟他們講了一個令他終生難忘的經驗。

「我所說的小男孩，雖然我不知道他從哪裡來，也不知道他後來去了哪兒，可是我永遠不會忘記他，也不會忘記他那好心的行為。」爹地開始講起了他自己的故事。

「那是一個多麼奇怪的晚上！我開著車子出城，突然被濃密的霧重重包圍。那大霧濃到使我什麼都看不見，

甚至連路邊也看不到。車頭燈反而讓視線變得更糟，因為霧反射車燈的光線，在車前造成了一大片白茫茫的亮光。」

「我試了幾下，盲目地向前開，突然輪子砰砰地撞了兩下，我知道車子一定撞到東西了。」

「我停下車子，走出來，在黑暗中仔細察看，發現四個車輪正好卡在路邊。幸好，沒撞到什麼人，現在我得讓車子倒退，回到路面上。」

「我慢慢地把車向後倒退；一直等到聽見砰砰兩聲，車子終於回到路面上了。可是我已經弄不清方向，到底我的車頭是朝著去路，或是朝著來路呢！一時之間我無法分辨，只好停在那裡等候了。」

「『好吧！這樣看來，我似乎得待在這兒直到天亮了，不知何時霧才會

散去？　」我那時心裡這樣想。而且在這樣的大馬路上被霧包圍，也不是一件好事。不知道什麼時候會有來車撞上我的車子，那多危險呀！」

「就在這時候，一件奇怪的事發生了。」

「在我左邊的窗口，探進一個小男孩的臉，他手上握著一樣東西。」

「『你需要幫忙嗎？』他問。『你要幫助我？』我好笑地問他，『你怎麼幫我？霧這麼濃！』」

「『我想我可以幫助你，』他說，『你看，我有一支手電筒。』」

「我看了一下他的手電筒，不禁又笑了起來。那只是一支便宜的小手電筒，射出來的光非常微弱。」

「『我那大車燈都沒有用。你這支小小手電筒能怎麼幫助我呢？』『我可以指引你方向。我走在前面，用手電筒照著道路，你可以把車頭的大燈照著我的後背，這樣我們就可以前進了。』他對我說。」

「『好吧！』我說，『你倒是一個聰明的孩子，我們來試試看。』」

「於是他拿著手電筒走在前面，我開著車子慢慢地跟在他後面。我儘量集中我的視線，仔細看著那個小男孩在路中慢慢地走著，用手電筒的微光照著前面的路。」

「我們繼續前進，不知道究竟走了

多遠，大概走了一哩路了。突然前面的空氣變得很清澈，我知道我們已經走出了濃霧的範圍。」

「這孩子的辦法成功了。我停下車子，把頭伸出車窗外喊他，為了謝謝他，我想要給他一點酬勞，可是他已經不見了。他又回去幫助別人通過這場濃霧了。」

「從那次以後，我時常想起那個孩子，真希望能知道他的名字，他的善行讓我終生難忘。」爹地一邊說一邊仰起頭來，臉上露出很遺憾的神情。

傑利和朗尼看到爹地的表情後，認真的對爹地說：「爹地，以後我們也會常常幫助別人，使別人永遠記得我們。」父子三個人都笑了起來。

「你們應該要『為善不欲人知』才對啊！」爹地笑得更開心了！

麗莎的努力

有一件事是麗莎最不喜歡做的事，那就是練鋼琴。

她不僅不喜歡——簡直是討厭它到了極點。

這時候她正坐在房間裡的琴凳上，看著她面前的琴譜上所指示的，使勁地用手指在鋼琴上彈奏著。

「Do —— Re —— 」麗莎彈著鍵盤。

「Do —— Re —— Mi —— Fa —— 」。

「唉呀！」她氣憤得大叫起來。「

討厭死了， 我總是彈不好。 」

「 Do —— Re —— Mi —— Fa ——
Sol —— La —— Si —— 」。

「 哎！ 」砰！ 麗莎使勁地將鋼琴蓋子拉下來。

「 我再也不要練了， 」她一邊叫一邊從琴凳上跳下來， 朝著房門跑去。

很不巧， 當她剛跑到門口的時候，房門打開了， 媽咪走了進來。

「 麗莎， 那支曲子還沒有學好嗎？乖孩子。 」媽咪問。

「 沒有， 但我不打算練習了， 」麗莎說， 「 我討厭練習； 我討厭這首舊曲調； 我討厭這架老鋼琴。 」

「 麗莎， 好孩子！ 」媽咪溫柔哄著她說。 「 這樣不行的。 妳千萬不可以就這麼輕易放棄練習。 妳要是不努力學習， 那麼， 妳一生都無法學會。 妳必須再試試看。 」

「我不要再試了，」麗莎說，嘴唇也嘟了起來。

「讓媽咪來試試看，看我會不會彈這支曲子。」

於是媽咪就在鋼琴前面坐了下來，把那支曲子試彈了一次。媽咪彈得十分平穩，聲音也非常柔美，麗莎臉上的愁容隨著琴聲逐漸消失了。

「對妳來說，當然容易！因為妳以前是鋼琴老師。」麗莎說，「但我絕對沒有辦法彈得像妳那樣好。」

「孩子，妳當然可以的，」媽咪堅定地說。「再過不久，妳就會彈得比我更好。記住，妳的鋼琴老師要妳在聖誕節的學校音樂晚會上演奏。」

「我！」麗莎叫了起來。「要我在學校的音樂晚會上演奏？哈！哈！他不怕我出醜嗎？」

「我看不出有什麼理由妳不能上台

演奏，　」媽咪說，「那一天還會有其他的小女孩彈這首曲子，　妳不會想讓比妳年齡小的孩子彈得比妳好吧！　妳所需要的，　就只是加緊練習而已。　」

「練習！　」麗莎大叫著，「又是練習！　我真討厭聽到這兩個字。　」

「不可以，　」媽咪說，「練習的意思只是『一再學習』罷了。　」

「一再學習，　天哪！　」麗莎喃喃自語地說。　「那就更糟糕了。　因為我只會越練越糟。　」

「好啦，　妳過來，　再試試看。　」

麗莎勉強走回到鋼琴邊，　坐好伸出手來，　媽咪看了麗莎一下，　就走開去做她自己的事了。

「 Do —— Mi —— Sol —— Do ——Sol —— Sol —— La —— Si —— 。　」

「哎呀！　一點也不好學。　我彈不好的，　」麗莎叫著，　眼淚也流出來了。

她覺得自己已彈不下去，就走到沙發，趴在桌上哭起來了。

也許是太疲倦了，她很快的就睡著了。接下來就是——她聽到學校大禮堂的臺上有人叫著她的名字。而禮堂裡坐滿了人，女孩子們個個都穿得光鮮亮麗的，好看極了。麗莎猜想，這一定是在舉行聖誕音樂晚會。

「麗莎，」老師宣布說，「現在她要為我們彈奏一首很好聽的貝多芬D小調鋼琴奏鳴曲。」

麗莎從座位上跳起來。輪到她演奏了嗎？當然是啊！她看看自己身上穿的衣服。一點也不錯！她穿的是每個女孩都愛的漂亮連身蓬蓬裙，而且她要從許多女孩子的旁邊經過，這些小女孩都會對她投以羨慕的眼光，看著她走上舞台！至於她所要彈的那支曲子，她一定能把它彈得很完美；她可

以想像到每個人都為她的演奏鼓掌喝采！也許他們在她彈完了曲子之後，還要她再回到臺上彈一支安可曲呢！

現在聽眾鼓掌了。麗莎十分興奮地穿過聽眾席中間的走道，再越過她的同學和朋友們，走上臺去。她覺得有點難為情，但仍笑盈盈坐在琴凳上，開始她將要彈奏的曲子。

糟糕透了！那正是她最討厭練習的一支曲子。可惜她沒有把它練好。要是以前她能夠好好下功夫練習，那該有多好啊！唉！如今她後悔也來不及了。她只能硬著頭皮，儘量彈下去。也許那些女同學不會注意到她彈錯的地方。

「Do —— Mi —— Sol —— Do —— Re —— Sol —— Sol —— Mi —— Re —— Re —— 。」

「嘻 —— 嘻 —— 嘻！」從禮堂的後面傳來一陣輕笑聲。

「噓！」鋼琴老師輕輕對女學生們暗示著。

「呵……呵……呵……呵！」有人忽然大聲笑了出來。

「哈……哈……哈……哈！」另外一個女孩子也接著大笑。

麗莎這時候再也無法忍受下去了。她氣憤地把鋼琴蓋砰地一聲放下，然後連忙從臺上衝下去。

砰！「發生了什麼事？」媽咪跑進來大叫。「怎麼啦，孩子？妳把桌上的花盆打翻了。麗莎！」

「咦？這是什麼地方？」麗莎說。「我還以為我在學校的大禮堂裡演奏呢！」

「我很希望妳能參加鋼琴獨奏，」媽咪說，隨即彎腰把花盆撿起來。

「媽，我一定會努力把這支曲子練好的，」麗莎嘆了一聲氣說，「太可

怕了！我夢到我上了臺才知道自己不會彈，我覺得自己好丟臉呀！大家都在笑我！媽，我一定還要勤加練習。我一定要在音樂會前把它練好。」

麗莎真的做到了；那次的音樂演奏會她彈得非常成功。

麗莎從這次的音樂會了解到不管做什麼事，一定要全力以赴。她知道想要彈好琴，平時就要下功夫，好好努力才行。

頑皮的瑪魯

「不要再囉唆了，趕快出去！」爹地一邊說，一邊把麗莎和朗尼從客房裡推到花園裡去，「我已經受不了你們啦！你們要在外面學會安靜了才准進來。」

然後，爹地回到房裡，坐在他的躺椅上，兩隻腳往桌子上一伸，閉上眼睛呼呼大睡了起來。

麗莎和朗尼知道，是他們活該被爹地罵，他們很後悔剛才太過吵鬧，打

擾了爹地的午睡。

他們一時之間也不知道要做什麼事情，只好在花園裡走來走去。「哦，瑪魯來啦！」

「瑪魯！你跑到哪裡去了啦？」朗尼喊著他們家的寵物狗瑪魯。

瑪魯不停地搖著牠的尾巴，彷彿告訴他們，在牠跑出去的這段時間裡，牠並沒有做什麼壞事。

「你沒去追貓吧？」麗莎問。瑪魯伸伸懶腰，不解地歪著頭看著小女主人一眼。

然後瑪魯又搖搖牠的尾巴，好像說牠才不會做那種事呢！但事實上，瑪魯只要一看到貓兒，牠就會死命地追上去。

「我有一個主意，」朗尼說。

「告訴我！」麗莎說。

「我們來幫瑪魯洗澡吧！牠昨天就

沒有洗澡，牠現在一定很髒了！」

「這倒是一件好玩的事，」麗莎開心地說，「這總比閒著沒事做還好。你去拿木盆子來，我溜到廚房去拿毛巾及肥皂。」

「好，」朗尼說，「這樣瑪魯就可以洗得乾乾淨淨了！」

瑪魯又搖搖尾巴，這時牠似乎不像原先遇見他們那樣高興了。因為牠並不喜歡洗澡，有時候牠還會跑掉。牠疑惑地望著朗尼從後面屋簷底下拿出來的木盆，沒多久牠就一溜煙地跑到花園裡去了。

這時候麗莎也回來了，她帶來一條毛巾和一桶熱水。

「瑪魯呢？」她問。

「跑掉了啦，」朗尼說，「我們去抓牠回來。」

「瑪魯，瑪魯！」麗莎喊道。

可是瑪魯很聰明，知道他們為什麼叫牠。他們找了一陣子後，終於在花園的一個角落抓到牠。

「壞瑪魯！壞瑪魯！」朗尼一邊說一邊把牠拉到木盆旁邊去。「瑪魯不要再溜了，瑪魯要好好洗個澡。瑪魯最乖了……。」

瑪魯對他們後面所講的好話並不感激，牠已經停止搖尾巴了，並且站著不動。

要替瑪魯洗澡實在很不容易。朗尼抓住牠的兩隻前腳，麗莎抓住牠的兩隻後腳，費了九牛二虎之力，才勉強把牠按到木盆裡去。瑪魯有一陣子靜靜地站著，任憑朗尼幫牠抹上肥皂。可是沒多久牠又開始不安分，動來動去、踢著、跳著，把泡泡水濺得滿地都是。

「抓住牠，朗尼，」麗莎喊著，「

要不然， 牠會跳出木盆的！ 」

「 妳不是看到我已經盡力抓住牠了嗎？ 」朗尼說， 「 妳動作快點， 趕快幫牠洗吧！ 」

麗莎正開始幫牠沖洗滿身的肥皂泡沫時， 忽然這時候事情起了變化。

　　瑪魯安靜了一陣子後，似乎忘記了自己正在洗澡，牠的眼睛注意到花園裡有一個黑影快速閃過牠的面前。牠的脊背立刻拱起來，尾巴也豎起來，「汪，汪」叫了兩聲，一下子就掙脫了朗尼的手，從木盆裡跳出來，一溜煙地跑掉了。

　　「抓住牠！」麗莎大叫，她無奈地將衣服及額頭上的水擦掉。

　　「怎麼抓得到？」朗尼說，「你沒看到在前面跑的那隻貓兒是隔壁家的蒂蒂嗎？」

　　「哎，不得了了！」麗莎大喊，「我希望瑪魯不要咬傷那隻貓！」

　　這倒不用為貓擔心，因為那隻貓經常被瑪魯追趕，所以牠知道花園和屋子裡每個躲藏的好地方。

　　「你看！」麗莎又大喊，原來瑪魯追著貓，跳過花圃，在樹叢裡鑽來鑽

去。「瑪魯可惡死了，牠身上弄得髒兮兮的。」

她說得對，原來瑪魯滿身都是肥皂泡沫，再經過地上的翻滾，黏了滿身污泥和草葉、小樹枝，牠看起來又髒又亂，好像這輩子沒洗過澡一樣。

「最好別讓爹地從窗戶看見，我們要快一點抓住牠。」朗尼說。

「是啊！真糟糕。」麗莎說。

但事實上，根本不用擔心爹地會不會看見，因為他睡得正香甜，一點也不知道外面正在發生的大事。

「現在你可以趁機抓住牠了，」麗莎說，那隻貓突然從花園那頭向他們衝來。「趁那隻貓跑過來的時候抓住瑪魯。」

可是，說得容易做得難。朗尼向前撲，想要抓住瑪魯，可是被牠身上的肥皂和泥巴給滑掉了，瑪魯溜得比以一

前更快。

「你看！」麗莎又叫，「貓跑到那裡去了！」

原來那隻貓一下子就跳進客房的窗子，居然躲在爹地睡覺的那張躺椅下面。

朗尼和麗莎屏息等待著。「瑪魯會跳進去嗎？牠能跳那麼高嗎？」

「瑪魯，瑪魯！回來！」他們因為怕吵醒爹地，便一起小小聲地喊著瑪魯的名字，希望把牠叫回來。

可是那叫聲一點用處也沒有。牠用力一跳，用前爪抓住窗欄，抓了兩下就爬了進去。真糟糕！牠已經進了客房，並且全身髒兮兮，滿身泥漿，又是肥皂泡沫的！

後來在客房裡所發生的事，真是慘不忍睹！情形大概是這樣：瑪魯爬進了客房後，竟忘記牠要追逐的目的，

一看到了牠最喜歡的男主人正躺在那裡，牠就用平常撒嬌的方式，一下子跳進他的懷裡。爹地經瑪魯一動，就驚嚇地張開眼來，竟然發現大腿上躺著一隻既陌生、又全身髒兮兮的狗。

「這該怎麼辦呢？爹地會罵死我們的！」朗尼說。

「現在只有一個辦法，就是走進去向爹地道歉。」麗莎鼓起勇氣說。

「好吧！」朗尼說，「也只好這樣了，我跟你一起進去。」

他們還沒走到客房的門口，那扇門就突然打開了，鑽出來的正是瑪魯。牠跑得更快了，爹地站在裡面，臉上的表情很嚴肅。他的衣服髒得一塌糊塗，全是肥皂泡沫及污泥。

「爹地，對不起，」麗莎說，「我們想幫牠洗澡，卻沒想到牠會跑掉，我們會好好收拾客房，我們也會把爹

地的褲子洗乾淨 —— 爹地， 請原諒我們， 好嗎？ 」

　　爹地生氣地看著兩個孩子， 他原本要好好責備他們一番， 但看到麗莎和朗尼的臉上寫滿了悔意。 他實在很不忍心再對他們發脾氣。 他露出了一絲笑容。

　　「你們這兩個淘氣的孩子！ 」他又氣又好笑的說： 「 就看在你們誠實地承認犯錯， 又有悔意， 所以原諒你們這一次， 但以後不可以再這樣了！ 」麗莎望著朗尼， 他們異口同聲地說： 「 我們知道了， 爹地！ 不會有下一次了！ 」

　　朗尼和麗莎隨即撒嬌的用手抱住爹地的脖子， 他們總算鬆了一口氣。 不過， 他們的衣服也跟爹地的衣服一樣髒了…… 。

11

麗莎不再惹事

「麗莎，請妳不要再逗米諾了！」媽咪從廚房的窗子往外叫著。

「我並沒有逗他，」麗莎回答說，「是他自己愛生氣嘛！」

「是妳故意鬧他他才生氣的！妳老愛捉弄他，開他玩笑。就在剛剛十分鐘之內，妳就已經把他從腳踏車上拉來拉去兩次了。」

「他喜歡玩嘛！」麗莎說。

「我知道他並不喜歡這個遊戲，」

媽咪說。 「如果別人在硬邦邦的地上叫妳翻轉， 妳會喜歡嗎？ 」

「會呀！ 」麗莎說， 惡作劇地眨了一下眼睛， 「我想我會喜歡呀！ 」

「不見得吧！ 」媽咪質疑的說， 「好了， 不要再惹弟弟生氣了， 做個乖孩子。 」

說完這句話之後， 他們總算安靜了幾分鐘， 兩個孩子高高興興地在草地上玩耍著。 但是才過一會兒， 哭聲又傳來了。

「哇……哇……哇！ 」米諾又開始大聲哭起來， 媽咪聽見了， 連忙跑到窗戶邊。

「這次又是什麼事？ 」媽咪叫著。

「姐姐把沙弄到我的頭髮裡了。 」米諾大聲喊著。

「我只是跟他鬧著玩！ 」麗莎也回喊。 「他喜歡這樣玩。 」

「不過， 怎麼我聽起來不像妳所說的那樣，」媽咪說，「麗莎， 我再給妳一次機會， 如果你們在外面還是這樣吵吵鬧鬧的話， 你們倆都得進屋子裡來。」

他們一下子就安靜下來了。

母親感到很欣慰， 心想她的警告多少還是有用的； 可是， 沒多久， 她的耳朵裡又響起那聽慣了的哭聲， 而且

這一次比之前的哭聲更大聲了。

「哇……哇……哇……哇！」

她連忙又跑到窗戶去張望，你猜她看到什麼？

只見麗莎手裡拿了一個澆花用的水壺，朝著可憐的小米諾頭上淋下去，簡直把他當作一棵向日葵了。

「麗莎！」媽咪吃驚地連忙大叫，「妳在幹什麼？趕快住手！」

「媽，他喜歡我這樣做嘛！」麗莎大聲回答說，「他說他很熱呀！我想他一定是太熱了，所以需要消暑。」

「麗莎，妳在那裡等著，我馬上過來。」媽咪說。

麗莎一看苗頭不對，馬上想逃跑。她哪裡知道媽咪跑得比她還快，一下子她就被媽咪抓回來了。

「原來妳以為他喜歡跟妳玩這樣的遊戲嗎？」媽咪說，這時她們倆跑得

上氣不接下氣的。「米諾，你喜歡姐姐這樣做嗎？」

「不，我不喜歡！」米諾說。

「但我……相信他……一定會喜歡的呀！」麗莎氣喘吁吁地說。

「我們等著看好了，」媽咪說，這時候她忽然想到了一個好方法。「澆花的水壺在哪裡？」

媽咪說著就隨手提起水壺來，她一手緊抓著麗莎，一手將水從麗莎的頭上淋下去。

「唉呀！呀！呀！」麗莎連忙大叫起來。「不要！不要！媽咪，不要這樣嘛！」

「但我相信妳一定會喜歡的。」媽咪說。

「當然她很喜歡。」米諾在旁邊得意揚揚地應聲。

「我不喜歡！不要，不要！我下次

不敢了。」麗莎哭著說。

最後，一整壺的水全淋了下去。

「好了，」媽咪笑著說，「麗莎，我相信這一點點的水會讓妳內心的『愛心』種子長出來。」

「才不會呢！」麗莎嘟著嘴一臉生氣說。

「我相信一定會的，」媽咪又重複說一次，「因為妳沒有記住那句話，『己所不欲，勿施於人』。我想以後妳一定會把這句話牢牢記在心裡，永遠不會忘記了。」

麗莎不發一語地回到屋裡換乾淨的衣服，臉上還是露出悻悻然的慍色。但是，她永遠也不會忘記這一次的教訓；因為從這一天起，家裡也安靜得多了。

可憐的威利

天氣越來越冷。 晚上大家吃完晚餐後， 爹地坐在客廳休息看電視， 瑪魯也安靜地躺在爹地的椅子旁。

這時候， 爹地看到朗尼和米諾為了一個玩具吵得不可開交， 就急忙過去阻止他們。

「你們只為了一個小玩具就吵個沒完沒了。 有些小孩窮到連玩具都沒有呢！ 」爹地說。 「爹地， 是朗尼先搶我的玩具。 」米諾不開心地說。

「讓我講一個窮小孩的故事給你們聽吧！你們就會愛護玩具，不再互相爭吵了。」爹地說。米諾一聽到爹地要講故事，高興的連玩具都不要了。他很快跑過去，坐在爹地的大腿上。

「威利住在某大城市的貧民區中，他家只有一間房間。和他住在一起的有繼父、母親，還有弟弟妹妹們，一家六口窩在一個小房間裡。威利因為生長在這樣的環境中，很自然就成為一個又髒、又可憐的窮孩子。」

「他除了在街上或到河裡跟人玩耍之外，再也沒有什麼地方可以讓他去玩；而且除了跟他一樣的窮孩子會跟他玩以外，也不會有其他孩子和他一起玩耍。他的確得不到別人的愛，因為他的繼父很兇暴，媽媽對孩子也很粗野，而且夫妻兩人都酗酒。」

「和他一同玩耍的孩子們，有時會

接到某些教會或慈善機構的邀請，請他們去參加野餐和郊遊等活動，但是這種機會總是輪不到威利。他老是聽到人家說：『他太髒了！』也有其他人會附和說：『我可不喜歡他那副髒兮兮的樣子。』『看他的樣子，他應該也不是一個好孩子。』」

109

「沒想到有一天，他居然聽到有人替他說好話。」

「『我想應該讓這個孩子去，』一位婦人望著穿得破破爛爛的威利說。『我們也邀請他去吧！』」

「『哦，不行！我們絕對不能邀他去，他實在太髒了，』另外一個人回答。」

「『可是，為什麼我們不能邀請他呢？』那位婦人力爭到底。『他比其他小孩子更需要出外遊玩。事實上，我們應該帶他去。』」

「『好吧！既然如此，只要您喜歡就行了！』『威利，看在卡威夫人的好意上，這次我們也讓你參加。把你自己整理的乾乾淨淨吧！記得，準時到集合的地方。』」

「威利的小腦袋裡，一直想著這件事，這真是出乎他意料之外。居然有

110

人邀請他去玩，並且堅持一定要讓他去！」

「他必須準時參加。當然！他一定會把自己整理的乾乾淨淨。也許那位好心的太太也會來。」

「終於，那重要的日子來了，一大清早，遊覽車裡就坐滿了孩子們，他們開心地向親人揮手說再見，快樂地朝向郊外出發了。」

「野餐的地點是在一條寬廣而水流湍急的河邊，那裡的風景十分美麗。孩子們從來沒見過這麼美好的地方。有的人還以為他們到天國了。」

「忽然間，一陣刺耳的尖叫聲劃破了郊遊寧靜愉快的氣氛。一個叫『丹尼』的孩子不聽勸阻，越過警戒線，結果被沖到急流去了。」

「這時，孩子們都連忙跑向岸邊，想看看丹尼怎麼了。一時之間大家亂

成一團。 人人都說丹尼一定會沉下去淹死的， 因為沒有一個人敢冒險在這樣的急流中游過去救他。 」

「 隨後有一個人像閃電一般， 從岸上跳進水裡去。 大家引頸期盼想知道， 那人究竟是誰？ 這時候他們只見到水裡有一個黑髮蓬亂的小孩， 他兩隻結實的膀臂使勁地划水， 朝向那快要滅頂的孩子游去。 」

「 原來那個小孩就是威利， 他早就在自己住家附近的小污河裡學會了游泳。 他努力向前游， 愈來愈靠近溺水的丹尼， 最後威利終於抓住了他， 把他帶回岸上。 」

「 他們回到岸上的時候， 許多人都在岸邊等待他們， 他們圍著奄奄一息的丹尼， 想看個究竟。 」

「 『 他是不是沒氣了？ 』他們七嘴八舌地問。 『 他會不會死了？ 快點拿

毛毯及熱水袋，我們必須趕快替他急救。』」

「急救之後不久，丹尼就能自己坐起來，雖然丹尼的意識還是不太清醒，但他已經有反應了。有人給他圍上毛毯，又給他喝了一杯熱水，大家亂哄哄地吵成一團。」

「『還有一個孩子呢？』忽然聽到有婦人大叫，『那個救他的孩子到哪裡去了？』說這話的，正是那位邀請威利參加郊遊的卡威夫人。可是誰也不知道威利到哪裡去了！」

「於是卡威太太離開眾人，逕自去尋找威利。這時威利一個人正躲得遠遠的，穿著濕衣服站在那裡發抖呢！」

「『趕快拿毛毯過來！』卡威夫人大叫。『而且我們還要為那個救了丹尼的孩子，發動慈善捐款來幫助他。

這是我們最起碼應該要做的。」她又跑回眾人中間，向大家說這件事。每個人都表示同意。隨即就有人拿了一頂帽子給她，婦人走到眾人面前收捐款，大家紛紛慷慨地拿出錢來放入帽子。沒多久，帽子裡已募集了一筆相當可觀的數目。她趕快拿了這些錢，跑到威利那裡。」

「『威利，這些錢代表大家的一點心意，』她說。『他們衷心感謝你，不顧生命危險救了丹尼一命。』」

「『不，謝謝您，』威利說。『可是我不要錢！』」

「這位婦人很驚奇的望著威利。『那麼，你要什麼呢？』她說。」

「只見威利的眼睛朝著丹尼所坐的地方望去，以羨慕渴望的眼神看著丹尼暖暖和和、舒舒服服地坐在那兒，旁邊有許多人環繞著他，跟他噓寒問

暖。』」

「『我只想要獲得他所得到的一點點愛就夠了。』威利說。」

「這位好心的太太總算聽懂威利所說的話了。她不禁流下眼淚來。她發現原來這麼簡單的東西卻是這個窮孩子內心最大的渴望。她心裡想，或許其他的窮孩子也跟他一樣，有這樣的感覺。」

「『孩子，你一定會得到的，』她說，『而且你會得到比你想像的還要多。』」

「卡威夫人真的實現了她的諾言。最後她收養了威利，並且創辦了一間孤兒院。」爹地說。

「我很幸運，我有一個非常愛我的爹地。」米諾聽完故事後，緊緊地抱著爹地說。

再 ㄗㄞˋ 一 ㄧ 分 ㄈㄣ 鐘 ㄓㄨㄥ

「麗ㄌㄧˋ莎ㄕㄚ，麗ㄌㄧˋ莎ㄕㄚ！」媽ㄇㄚ咪ㄇㄧ喊ㄏㄢˇ著ㄓㄜˋ，然ㄖㄢˊ後ㄏㄡˋ她ㄊㄚ等ㄉㄥˇ了ㄌㄜ一ㄧ會ㄏㄨㄟˋ兒ㄦ，沒ㄇㄟˊ有ㄧㄡˇ聽ㄊㄧㄥ見ㄐㄧㄢˋ任ㄖㄣˋ何ㄏㄜˊ回ㄏㄨㄟˊ答ㄉㄚ。

「麗ㄌㄧˋ莎ㄕㄚ！」媽ㄇㄚ咪ㄇㄧ一ㄧ邊ㄅㄧㄢ喊ㄏㄢˇ著ㄓㄜˋ，一ㄧ邊ㄅㄧㄢ走ㄗㄡˇ到ㄉㄠˋ廚ㄔㄨˊ房ㄈㄤˊ窗ㄔㄨㄤ口ㄎㄡˇ去ㄑㄩˋ看ㄎㄢˋ麗ㄌㄧˋ莎ㄕㄚ在ㄗㄞˋ做ㄗㄨㄛˋ什ㄕㄣˊ麼ㄇㄜ。

「等ㄉㄥˇ一ㄧ下ㄒㄧㄚˋ，媽ㄇㄚ咪ㄇㄧ，」從ㄘㄨㄥˊ後ㄏㄡˋ院ㄩㄢˋ傳ㄔㄨㄢˊ來ㄌㄞˊ尖ㄐㄧㄢ尖ㄐㄧㄢ小ㄒㄧㄠˇ小ㄒㄧㄠˇ的ㄉㄜ聲ㄕㄥ音ㄧㄣ，「再ㄗㄞˋ一ㄧ分ㄈㄣ鐘ㄓㄨㄥ，我ㄨㄛˇ就ㄐㄧㄡˋ來ㄌㄞˊ了ㄌㄜ。」

「我ㄨㄛˇ要ㄧㄠˋ妳ㄋㄧˇ現ㄒㄧㄢˋ在ㄗㄞˋ馬ㄇㄚˇ上ㄕㄤˋ過ㄍㄨㄛˋ來ㄌㄞˊ！」媽ㄇㄚ咪ㄇㄧ繼ㄐㄧˋ續ㄒㄩˋ說ㄕㄨㄛ。「我ㄨㄛˇ已ㄧˇ經ㄐㄧㄥ在ㄗㄞˋ這ㄓㄜˋ裡ㄌㄧˇ等ㄉㄥˇ妳ㄋㄧˇ了ㄌㄜ！」

「再ㄗㄞˋ一ㄧ分ㄈㄣ鐘ㄓㄨㄥ就ㄐㄧㄡˋ好ㄏㄠˇ了ㄌㄜ，」麗ㄌㄧˋ莎ㄕㄚ的ㄉㄜ聲ㄕㄥ音ㄧㄣ

又揚起。

「哎呀！」媽咪對自己說，「我真不喜歡聽她說再一一分鐘就好了。」

但五分鐘過去了，十分鐘過去了，還是不見麗莎的蹤影。

「麗莎！」媽咪再一次走到窗戶邊喊著，「妳現在就過來！」

「再等一分鐘！」

「唉！」媽咪說，「如果我不好好處罰她……下次她又……。」

可是，這時候麗莎的小臉蛋，卻突然出現在廚房外面的屋簷下，看她笑得那麼甜美，媽咪也不忍心再對她發脾氣。

「我來了，」麗莎高高興興地說，「妳在叫我嗎？媽咪！」

「妳明明聽見我在喊妳，」媽咪故意繃起臉說，「妳為什麼不馬上過來呢？」

「媽咪，我正在忙，」麗莎無所謂地回答，「妳看，我正在給洋娃娃洗衣服呢！」

「就算是妳正在洗衣服，」媽咪嚴肅地說，「妳聽到媽咪在喊妳，也應

該馬上就來。 妳讓媽咪等了十分鐘，實在不應該！」

「是的，我知道了，媽咪。」麗莎仍然笑著說。

「以後不要說再一分鐘了。」

「好的，媽咪。」

「那就好，」媽咪說，「現在把這些蛋拿去給露絲太太。」

麗莎拿著籃子，高高興興出門，她一路上哼著自己亂編的調子。她一轉身，就把媽咪責備她的話全忘記了。

她回家之後，又到後院拿著玩具洗衣桶去洗東西了。她學著媽咪那樣搓著，絞著衣服，然後弄出一些肥皂泡沫來。那真有趣啊！她也有曬衣服的竹竿、夾子及曬衣架玩具。當然她玩得很高興！

一個熟悉的聲音又傳來了。

「麗莎，麗莎！」

她的回答又是那麼熟悉。

「再一分鐘，媽咪！」

「她又忘記了，」媽咪搖搖頭說，「我應該再想想，用別的辦法來教訓她才對。」

這一次也是五分鐘、十分鐘、十五分鐘過去了，還不見麗莎過來。

但這一次媽咪沒有再叫麗莎了，媽咪顧著自己吃午飯，吃過飯後她把桌子收拾乾淨。媽咪正奇怪麗莎為何還不來，就忽然聽到一個聲音。

「哎呀！媽咪，媽咪，快來呀！我全身都溼了！」

媽咪這時候立刻想到一個好方法。

「再等一分鐘，麗莎，」媽咪大聲回答她。

「媽咪！快來嘛！快來！」麗莎急忙喊著，「怎麼辦！我的鞋子裡都灌滿了水啦！」

可是媽咪還是無動於衷，她只是從從容容地回答了一聲。

「再一分鐘，麗莎。」

這時候，可憐的麗莎出現在廚房外的屋簷下。發生了什麼事呢？只見她全身都溼透了。原來她把洋娃娃的衣服曬好後，從凳子跳下來時不小心摔倒，就把一桶水踢翻了，弄得滿身都是水。

媽咪不禁笑了起來。

「媽咪，我喊妳的時候，為什麼不來？」麗莎氣憤地說，「妳沒看見我全身都溼了嗎？」

「我沒有辦法來，」媽咪說，「妳看，我正在忙。我吃完了午飯，還要忙著收拾餐桌。」

「時間已經那麼晚了嗎？」麗莎很吃驚的問。

「是啊，」媽咪說，「如果我喊妳

123

的時候，妳能馬上過來，妳就不會弄成這個樣子了。」

麗莎心裡明白了，她那小臉蛋上露出領悟的微笑。當然，從這次以後，她再也不會那麼慢吞吞了。媽咪替她換了衣服。她答應媽咪以後不會再回答「再一分鐘了」。

14

聖誕夜

　　聖誕節快到了，爹地說他要跟大家講一個非常感人的故事。

　　「故事是這樣的。好久以前……」爹地看大家馬上聚精會神地想聽他說故事，笑笑地說。

　　「在聖誕節前夕，可憐的約翰竟然被他那橫暴無情的繼父趕出門外。他只好在大風雪中沒有目標、無力地走著。」

　　「這時，他破舊的衣服早就被融化

125

的雪浸濕了。 而那雙破損的鞋子也從縫補過的地方裂了口， 當然他的雙腳也都凍僵了。 他的頭上戴著一頂古怪的帽子， 雖然可以遮住前額和耳朵， 但帽子上卻有一條大裂縫， 刺骨的冷風不斷吹入。 」

「 黑夜籠罩大地， 這個無家可歸的孩子， 拖著沉重的步伐， 走在憂苦而孤單的路上。 」爹地的表情好像他就是那位可憐的約翰。

「 『假若我能夠找到一個休息的地方； 得到一絲的溫暖， 不受到凜冽的寒風襲擊， 那該有多好啊！ 』約翰心裡不斷地想， 『只要我找到一個溫暖的地方， 以及吃一點點熱食， 我就心滿意足了！ 』 」

「 他慢慢地走到一座樹林附近， 遠遠地望著那村子， 有燈火從山邊一棟大房子的窗戶裡照射出來。 旁邊有好

幾個煙囪冒出來的炊煙，　正裊裊上升著。　」

　「　約翰心裡立刻有了一個新希望。『或許我可以在這些善良又有愛心的人家裡，　得到一點的照顧。　』於是他加快腳步，　好像他的困苦日子已經過了。　」

「走著走著，他很快來到一幢華麗的別墅前面，有許多燈光從窗口照射出來，最亮的一盞燈是掛在前門口。

『就快到了！』他心想，『住在這樣房子裡的人，一定是很有錢的，他們一定很樂意幫助我這個窮苦飢餓的小孩。』」

「約翰鼓足了勇氣走到前門，踮起腳尖來，很吃力地拉動門鈴。裡面的聲音使他吃了一驚，但是更叫他害怕的是，這扇橡樹木做的厚重大門拉開了，有一個衣著很考究的大人朝外看了他一眼。『是不是你在拉門鈴？』這傲慢的管家冷酷地問他。」

「『是……的，』約翰結巴地回答著，『我……又冷又餓，我懇求您能不能……。』」

「『今天是聖誕夜，』這管家不等他把話說完，馬上打斷他的話，『這

滿屋子裡面全是賓客。 對不起， 我不想浪費時間在你這樣的人身上。 走開吧！ 』」

「 砰的一聲， 門重重地關上了。 」

「 『唉！ 』約翰自言自語， 『沒想到富有的人竟是這樣無情的。 或許他們太忙了。 我到別家試試看吧！ 』於是他又朝著另一幢房子走， 但是這次他深怕裡面的人也是一樣， 根本不理會他。 」

「 他還沒走到這棟屋子前， 就已經聽到裡面有奏樂和歡笑的聲音。 他心想， 住在那裡的人應該是一些友善的人吧！ 於是他再度鼓起勇氣叩門， 但是裡面的聲音實在太嘈雜了， 他一次又一次加重力氣叩門， 但裡面喧鬧的聲音卻也愈來愈大。 」

「 最後大門終於打開了， 一位戴著一頂遊戲紙帽的年輕人走出來。 『請

原諒我，　』約翰小聲地說，『我懇求您能⋯⋯。　』」

「『對不起，　』這位正在狂歡中的年輕人大聲嚷著，『我們這兒正忙著舉行聖誕舞會，所以我不能在此跟你講太久。　』」

「『但是，拜託請您能⋯⋯』約翰懇求他。」

「『對不起。你走吧！』這年輕人砰的一聲也把門關了。約翰再到另一家去叩門，但是裡面有許多喧嚷的聲音，完全沒辦法聽到外面的叩門聲，他只好默默離開。他又到另一家去，有一個怒氣沖沖的紳士從樓上的窗口伸出頭來喝斥他，要他滾回家去，不要來攪擾鄰居！」

「隨後他又走到另一家，有人告訴他說他們現在很忙，要他改日再來，到那時候也許可以幫助他；可是他現

在就需要幫助啊！」

「約翰就這樣挨家挨戶走遍全村，他想找個棲身的地方，求點裹腹的熱食，但始終無法達成心願。」

「他深夜在雪地裡長途跋涉，離開了眼前那些閃耀的燈光，他心想自己可能會倒在路上凍死。因他既疲乏、飢餓又沮喪。」

「過了不久，約翰發現自己站在一間破舊的小茅屋面前。屋子周圍是那麼的黑暗又恐怖，甚至他都無法看清楚屋外的全貌；只有藉著地上白雪的映射，才看得見那屋子用簾子遮住小小的窗子，有一絲絲黯淡的燈光從木頭縫隙中透射出來。」爹地講到這裡時，所有人的臉上都露出為約翰感到難過的表情。米諾更是哭了。麗莎也一直說：「約翰太可憐了！」

「後面的故事更精采呢！」爹地笑

著繼續說下去。

「約翰站著想了又想，『我該怎麼做？我可以再叩這家人的大門嗎？』」

「『這樣有用嗎？那些住在大房子裡的人，他們花費了許多錢在宴會及玩樂的事情上，卻不肯伸出援手幫助一個可憐的窮孩子；那住在這樣如此簡陋小茅屋裡的人，還能為我做點什麼呢？不，我想一定沒有用的！』」

「『最好別去打擾人家，還是去樹林裡等死算了。』他翻來覆去地想了很久。最後他心想既然都已經叩了這麼多家的門，不妨再試試這一家吧！於是他又踱回來，往小茅屋走，小路全被雪封蓋了。他找到了門，輕輕的叩了幾下。」

「過一會兒，門輕輕地開了，有

一位老太太探頭出來看。」

「『天哪！』她喊叫，『這麼冷的深夜，你在外頭幹什麼呀？』」

「『我求求您……拜託請……』小約翰才剛要說話。但是沒等到他說完話，老太太就把門大大地打開，邀他進去。」

「『可憐的孩子啊！』她嚷嚷，『看你又凍又餓，幾乎餓得半死了，而且你一身都濕透了。等一下，讓我先把爐子的火升起來。』」

「約翰看看這間小茅屋裡面擺設的情形，發現老太太真的一貧如洗。地板上沒有地毯。他從窗縫裡所看見的亮光，竟然只是放在火爐臺上的一根蠟燭。他還來不及看清楚四周，這位仁慈的老太太就過來脫去他濕透的破衣服，用一條毛毯把他包裹起來，讓他坐在桌子面前，又端來一碗熱騰騰

的湯給他喝。」

「她又回去攪拌火爐上的鍋。當她在攪拌的時候，忽然發現一切的東西都正在改變。她驚奇地注意到房子好像在發光。」

「『難道，這是一個夢嗎？或者是自己老眼昏花了？為何這個燭光能使全屋子有一種溫暖可愛的感覺，每樣家具似乎都發光了，並且每一個角落都充滿著亮光，整個小房子裡居然像是有來自天上的光照射，又好像是精金所反映出來的光芒，也好像是上帝的榮光充滿在聖殿中一樣啊！』老太太心裡想，她不敢相信地環顧屋內四周。」

「這時，城裡有錢的富人正從他的別墅眺望到山的這一頭，他突然驚叫著：『看哪！那裡有一道很強烈的亮光出現，是不是寡婦家的小茅屋失火

了！』」

「這消息很快就傳開來了。不一會兒，所有在舞會中的人都穿上外套，趕過來看這奇異的景色。」

「他們看見那道光線正照在那寡婦家的前面。那棟破舊不堪的房子，在亮光中竟像一棟白雪花石做的房子一樣美麗，他們十分驚奇地注視著它。他們從門縫望進去，只見這位老太太正在照顧著一個很小的窮孩子，而這孩子就是曾經叩過他們大門的那個小孩。」

「等到這光芒消逝後，他們敲門進去，詳細詢問寡婦那亮光到底是怎麼一回事。」

「『我自己也不知道，』寡婦微笑著。她臉上帶著一種喜樂和滿足的神情說，彷彿天使在她家做客一樣。」

「故事到此結束！」爹地說。

「但那個小男孩後來怎樣了？」朗尼急忙問。

「至於小男孩的結局就讓你們去想像了。」爹地眨眨眼，賣關子地說。

「再講一個！再講一個嘛！」大家因為不滿意故事的結局便開始起鬨，爹地只好連忙答應了。

15

半顆蘋果

爹地講完上個故事後，大家又吵著爹地再講一個故事。

「我還要再聽一個故事，爹地，再講一個嘛！」麗莎在一旁跟著說。

「我也想聽。」連平常不太愛起鬨的傑利也插嘴了。

「好，好，你們別吵！我再講一個故事。這個故事是發生在很久很久以前的英國……」爹地開口說。大家急忙安靜下來專心聽故事。米諾也高高

興興地坐在爹地旁邊。

「你們聽過只要一匹馬就能使半個倫敦交通阻塞嗎？如果你們沒有聽過這故事的話，那麼，就讓我講給你們聽吧！」

「我不知道那匹馬的名字，我想不妨叫牠『畢爾』吧！」爹地想了一下回答說。

「畢爾有一天早晨要出門拉車，大概是牠情緒不好，可能是前一天晚上牠沒睡好覺。但無論如何，牠很不情願讓主人在牠的身上加上馬鞍，那輛馬車裝著沉重的東西，牠必須從城裡這一頭駛向另一頭的碼頭。牠的心情很不好。」

「當馬車到了大橋的中央——那地方的車輛都是一輛接一輛排隊著，不能讓任何一輛車臨時停下來的。畢爾卻突然停了下來。牠就是不肯走，拒

139

絕再向前邁一步。 牠的主人緊張地跳下馬車， 好說歹說地勸牠、 哄牠、 拍牠、 威脅牠， 可是畢爾還是依然一副置之不理的模樣。 主人想拉牠走， 可是牠卻像一顆大石頭， 一動也不動， 於是馬車只能停在原地。 」

「 馬車後面的一輛公車也只好跟著停下來， 但公車後面又有馬車， 馬車後面又有三、 四輛汽車， 這些車都只好一輛接一輛停下來。 這麼一來， 車子就越停越多， 隊伍也越排越長， 可是畢爾仍無動於衷。 一個警察過來， 叫畢爾的主人趕快催牠向前走， 可是牠的主人回答說， 他已經盡了全力， 那匹馬就是一動也不動。 」

「 警察就對著畢爾的耳朵講了一些好話， 想哄牠把馬車拉走， 可是毫無用處。 畢爾似乎寧願坐牢， 也不肯移動一下牠的腳步。 」

「現在，整個橋上的交通完全阻塞了。馬車的後面停著一長串的車子，一直排到市中心，有公車、汽車、貨車、馬車、拖車、摩托車、腳踏車。車裡的人也越來越不耐煩，他們伸長了脖子，想查看前面到底發生了什麼事。因為那是一座吊橋，吊橋一放下來，橋下的船隻就無法通過，所以只見河裡一艘艘的輪船，拚命在橋下『嗚——嗚——』拉汽笛。橋上和橋下都鬧哄哄的。可是畢爾對這一切還是漠不關心。」

「就在這個時候，有一個小孩子想從橋上經過，他嘴裡啃著一顆蘋果。看到這一長串車子停在橋中央，一動也不動，他就想，一定是出了問題，便急忙跑到前面去。他看到畢爾正站在一群人中間，不管主人、警察和旁邊的人們怎樣設法想讓牠移動腳步，

牠就是固執地站在原地動也不動。 大家拚命想拉牠走， 卻拉不動。 」

「 正在啃蘋果看熱鬧的這個孩子， 名叫『 狄克 』， 他穿過圍觀的人群想看得更清楚些， 於是他一邊走一邊啃著蘋果。 這時馬車主人看見狄克的蘋果， 就心生一計， 要狄克把蘋果借他一用。 」

「 狄克向後退了一步， 他不想放棄他的蘋果， 他真的捨不得它。 可是看到那個人臉上迫切的表情， 他只好把吃剩的另一半蘋果給了馬車主人。 」

「 半顆蘋果的效果真是好到令人不敢相信。 馬車主人把那半顆蘋果拿到畢爾前面晃來晃去， 畢爾一聞到蘋果的香味， 便立刻一步一步向前走想要吃蘋果， 馬主人繼續拿著那半顆蘋果引誘著畢爾前進， 就這樣， 畢爾終於走過吊橋， 朝向碼頭前進。 」

「很快的，那些路上各式各樣的公車、汽車、貨車、拖車、摩托車也開始前進了——這都是因為那孩子肯讓出他半顆蘋果的緣故！」

「這個故事說明了即使只是一個小孩子，也能夠幫助別人，只要他不放過機會。半顆蘋果、一句好話、一束鮮花，一杯涼水，都能使這個社會的許多輪子轉動起來。」爹地看著大家說。

「你們若不信，就試試看！」爹地笑著鼓勵大家。

「我們一定會努力去幫助別人！」傑利、麗莎、朗尼和米諾互相看著對方，一齊開口大聲說。媽咪在旁邊看著大家也開心地笑了。

145

16

報仇

「爹地，」朗尼從學校回來，一進門劈頭就說，「艾迪是學校裡最壞的小孩，他最討厭了。」

「喂，喂，到底怎麼一回事呀？」爹地說。

「他真是壞透了。他常常講我的壞話，說我什麼事都做不好，還到處跟別人講不要跟我作朋友。」

「真的？」爹地說，「那他真是一個壞小孩！」

「沒錯！」朗尼大聲說，「我再也受不了！我明天去學校要找他理論。就算他塊頭再大，那又怎麼樣！如果要打架，我也不怕！」

「那真可怕！」爹地笑著說，「告訴我，你想約他什麼時候打架呢？我可以過去幫你加油。」

「加油？我才不需要你來加油！我一定會打贏他的，放心好了。」朗尼被爹地一逗，心情好多了。

「你知道嗎？」爹地說，「我有辦法對付那個壞孩子。」

「真的？什麼好辦法？」朗尼高興地叫起來。

「你想不想讓艾迪打從心坎裡的佩服你？」

「當然想了！可是，我應該要怎麼做呢？」

「嗯，我來教你！」

147

爹地走進書房，拿出一本書。他翻了一下，找出一段話。

「你聽著！朗尼，」爹地大聲說，「這一段話是這樣說的：『你的仇敵若餓了，就給他吃；若渴了，就給他喝。因為你這樣行，就是把炭火堆在他的頭上。』如果你用書上講的這種

方法，那他一定會打從心坎裡佩服你了！」

「可是，我覺得這個方法不好，」朗尼說，「我情願痛痛快快跟他打一架，打到他向我求饒！我幹嘛那麼辛苦地對他好，還以德報怨。」

「因為，這種方法比你跟他打架還好！你總不能讓他受傷吧！不然他的爸媽會找上門來，況且你自己也有可能受傷；你若照著我的方法試試看，不但可以徹底除去他對你的一切壞行為，還可以讓他以後不敢再惹你。」爹地建議地說。

「好吧！我知道了，」朗尼說，「可是我還是不想這樣做。」

「你試試看吧！」爹地說，「要試試看才知道有沒有效。」

「我想想看吧！」朗尼說。

朗尼那晚想了好久，第二天起床他

決定實行他的計畫。

第二天早上，前往學校的路上，朗尼就遇到了他最討厭的艾迪。「我真倒楣，一大早就碰到他。算了，我還是跟他打聲招呼吧！」朗尼一邊走一邊自言自語。

「今天早晨我起得太晚了，來不及吃早餐。現在我肚子好餓，可是身上又沒有錢。」只見艾迪皺眉頭地說。

「你沒吃早餐，」朗尼想起爹地對他的話，就對艾迪說，「那你一定很餓了，你可以吃我的便當。那是我媽咪早上做的，現在還是熱的！我早餐吃得很飽，我媽咪老是幫我裝一大堆食物，害我每次都吃不完。所以你不用客氣！趁熱吃吧！」

艾迪感到很詫異，他覺得自己的鼻樑好像被人狠狠地揍了一拳；又好像被人用碳火堆在頭上。他看看朗尼手

中
_{ㄓㄨㄥ}
的
_{ㄉㄜ}
便
_{ㄅㄧㄢ}
當
_{ㄉㄤ}
盒
_{ㄏㄜ}
。

「你
_{ㄋㄧ}
是
_ㄕ
說
_{ㄕㄨㄛ}
你
_{ㄋㄧ}
要
_{ㄧㄠ}
把
_{ㄅㄚ}
便
_{ㄅㄧㄢ}
當
_{ㄉㄤ}
給
_{ㄍㄟ}
我
_{ㄨㄛ}
吃
_ㄔ
嗎
_{ㄇㄚ}
？」
他
_{ㄊㄚ}
心
_{ㄒㄧㄣ}
虛
_{ㄒㄩ}
地
_{ㄉㄧ}
問
_{ㄨㄣ}
。

「是
_ㄕ
啊
_ㄚ
！」朗
_{ㄌㄤ}
尼
_{ㄋㄧ}
笑
_{ㄒㄧㄠ}
著
_{ㄓㄜ}
說
_{ㄕㄨㄛ}
，「拿
_{ㄋㄚ}
去
_{ㄑㄩ}
吃
_ㄔ
吧
_{ㄅㄚ}
！不
_{ㄅㄨ}
要
_{ㄧㄠ}
客
_{ㄎㄜ}
氣
_{ㄑㄧ}
！」

「你
_{ㄋㄧ}
人
_{ㄖㄣ}
真
_{ㄓㄣ}
好
_{ㄏㄠ}
，謝
_{ㄒㄧㄝ}
謝
_{ㄒㄧㄝ}
，不
_{ㄅㄨ}
好
_{ㄏㄠ}
意
_ㄧ
思
_ㄙ
，」艾
_ㄞ
迪
_{ㄉㄧ}
說
_{ㄕㄨㄛ}
完
_{ㄨㄢ}
，立
_{ㄌㄧ}
刻
_{ㄎㄜ}
打
_{ㄉㄚ}
開
_{ㄎㄞ}
飯
_{ㄈㄢ}
盒
_{ㄏㄜ}
，一
_ㄧ
口
_{ㄎㄡ}
接
_{ㄐㄧㄝ}
一
_ㄧ
口
_{ㄎㄡ}
地
_{ㄉㄜ}
吃
_ㄔ
了
_{ㄌㄜ}
起
_{ㄑㄧ}
來
_{ㄌㄞ}
。「你
_{ㄋㄧ}
也
_{ㄧㄝ}
吃
_ㄔ
一
_ㄧ
點
_{ㄉㄧㄢ}
吧
_{ㄅㄚ}
？」

朗
_{ㄌㄤ}
尼
_{ㄋㄧ}
就
_{ㄐㄧㄡ}
陪
_{ㄆㄟ}
著
_{ㄓㄜ}
艾
_ㄞ
迪
_{ㄉㄧ}
吃
_ㄔ
了
_{ㄌㄜ}
起
_{ㄑㄧ}
來
_{ㄌㄞ}
。他
_{ㄊㄚ}
們
_{ㄇㄣ}
一
_ㄧ
邊
_{ㄅㄧㄢ}
吃
_ㄔ
一
_ㄧ
邊
_{ㄅㄧㄢ}
走
_{ㄗㄡ}
，兩
_{ㄌㄧㄤ}
人
_{ㄖㄣ}
彼
_{ㄅㄧ}
此
_ㄘ
笑
_{ㄒㄧㄠ}
著
_{ㄓㄜ}
，氣
_{ㄑㄧ}
氛
_{ㄈㄣ}
越
_{ㄩㄝ}
來
_{ㄌㄞ}
越
_{ㄩㄝ}
融
_{ㄖㄨㄥ}
洽
_{ㄑㄧㄚ}
。

他
_{ㄊㄚ}
們
_{ㄇㄣ}
一
_ㄧ
邊
_{ㄅㄧㄢ}
聊
_{ㄌㄧㄠ}
天
_{ㄊㄧㄢ}
一
_ㄧ
邊
_{ㄅㄧㄢ}
快
_{ㄎㄨㄞ}
步
_{ㄅㄨ}
走
_{ㄗㄡ}
到
_{ㄉㄠ}
學
_{ㄒㄩㄝ}
校
_{ㄒㄧㄠ}
，沒
_{ㄇㄟ}
想
_{ㄒㄧㄤ}
到
_{ㄉㄠ}
他
_{ㄊㄚ}
們
_{ㄇㄣ}
已
_ㄧ
成
_{ㄔㄥ}
為
_{ㄨㄟ}
朋
_{ㄆㄥ}
友
_{ㄧㄡ}
了
_{ㄌㄜ}
。

那
_{ㄋㄚ}
天
_{ㄊㄧㄢ}
下
_{ㄒㄧㄚ}
午
_ㄨ
，朗
_{ㄌㄤ}
尼
_{ㄋㄧ}
回
_{ㄏㄨㄟ}
家
_{ㄐㄧㄚ}
了
_{ㄌㄜ}
，爹
_{ㄉㄧㄝ}
地
_{ㄉㄧ}
半
_{ㄅㄢ}
開
_{ㄎㄞ}
玩
_{ㄨㄢ}
笑
_{ㄒㄧㄠ}
的
_{ㄉㄜ}
問
_{ㄨㄣ}
：「這
_{ㄓㄜ}
場
_{ㄔㄤ}
架
_{ㄐㄧㄚ}
打
_{ㄉㄚ}
得
_{ㄉㄜ}
怎
_{ㄗㄣ}
麼
_{ㄇㄜ}
樣
_{ㄧㄤ}
？希
_{ㄒㄧ}
望
_{ㄨㄤ}
你
_{ㄋㄧ}
們
_{ㄇㄣ}
兩
_{ㄌㄧㄤ}
人
_{ㄖㄣ}
都
_{ㄉㄡ}
沒
_{ㄇㄟ}
有
_{ㄧㄡ}
受
_{ㄕㄡ}
傷
_{ㄕㄤ}
。」

「嗯
_ㄣ
，我
_{ㄨㄛ}
贏
_{ㄧㄥ}
了
_{ㄌㄜ}
，」朗
_{ㄌㄤ}
尼
_{ㄋㄧ}
說
_{ㄕㄨㄛ}
，眼
_{ㄧㄢ}
裡
_{ㄌㄧ}
閃
_{ㄕㄢ}
著
_{ㄓㄜ}
快
_{ㄎㄨㄞ}
樂
_{ㄌㄜ}
的
_{ㄉㄜ}
亮
_{ㄌㄧㄤ}
光
_{ㄍㄨㄤ}
，「我
_{ㄨㄛ}
已
_ㄧ
經
_{ㄐㄧㄥ}
把
_{ㄅㄚ}
他
_{ㄊㄚ}
徹
_{ㄔㄜ}
底
_{ㄉㄧ}
打
_{ㄉㄚ}
敗
_{ㄅㄞ}
了
_{ㄌㄜ}
。」

「什麼意思呢？」爹地不解地問。

「爹地，我照你的意思去做了。我把我的便當給他吃，還有……爹地，你一定不敢相信！艾迪現在對我的態度，真是一百八十度的大轉變！我們現在就像好朋友一樣了。」

「好極了，朗尼！」爹地說，「你做得很好！我希望你以後都能用這種態度去面對問題，你不但報了仇，還結交了一個新朋友。」

17

相機的底片

麗莎是家裡最調皮的小孩。她做的惡作劇有時連大人都會搖搖頭。我想還是不要寫出來的好，免得讀者看了以後，也有樣學樣的。就舉幾個簡單的例子來說好了：有一次她把跳繩弄丟了，就趁著媽咪上街買菜的時候，偷偷跑到後院，爬上椅子，剪了一段曬衣繩。媽咪回來後發現了……我想後面的事就不用我多說了。

又有一次，爹地發現麗莎坐在廚房

154

的桌子上，用刷鍋子的小鐵刷，開心地刷著他的皮鞋！麗莎看見爹地走進來，開心地大叫：「爹地，你看！我正在幫你擦皮鞋喔！」可憐的爹地，哭笑不得，心想麗莎可能只是用錯方法罷了。可惜他那雙皮鞋報銷了。

又有一次，麗莎一直很想知道鬧鐘的聲音是從哪裡發出來的，就把整個鬧鐘拆開來看，可是後來誰也沒辦法

155

把它恢復原狀。

　　麗莎的個性似乎一直都沒有改變。爹地和媽咪常常傷腦筋地說，如果麗莎老是這樣，他們不知麗莎長大後，會變成什麼樣子。他們已拿她沒辦法了。可是後來在偶然的一次機會中，麗莎自己學到教訓了……。

　　原來，爹地買了一台新相機，精巧又漂亮，當然價錢也不便宜。爹地為了這個相機存了很久的錢，所以他非常珍惜。但對這個相機最感興趣的，卻是麗莎。事實上，爹地第一天晚上把相機買回來後，連盒子都還沒有拆開，麗莎就已經迫不及待跑到爹地的身邊，纏著爹地要他幫她拍照。爹地說，等到明天大白天時再拍，因為這樣才會拍得比較漂亮。麗莎只好忍耐到第二天。

第二天一大早，麗莎起床就吵著爹地幫她拍照。她一直希望有許多張漂亮的照片，因為隔壁的莫妮卡，經常炫耀她的照片！——那些照片都是莫妮卡的爹地親自拍的。她希望自己的爹地也能拍很多照片，讓莫妮卡瞧一瞧！她一直很想和莫妮卡比美，希望自己的照片比莫妮卡漂亮。

爹地拗不過她的央求，就趁上班前先幫麗莎拍了幾張，還好傑利及朗尼對拍照沒興趣，而米諾還在睡覺。麗莎真是高興極了，這下子沒人跟她搶著拍照。她已經等不及想要看那些照片了。

爹地上班前把相機放在書桌上，特別叮囑媽咪和麗莎說，等他下班回來後再去沖洗那些照片，所以千萬不要去動它！

但是麗莎還是跟平日一樣頑皮，她

已經忘了爹地早上交代的話了。 她不明白為什麼要等爹地回來後才能看照片； 她心想， 等她把照片從相機裡取出來後， 爹地一定會高興地稱讚她是一個好幫手！

麗莎坐在桌子旁邊， 開始左翻右翻地轉動相機。 她不斷東拉西扯， 直到她的小手無意中碰到相機旁邊的一個按鈕， 突然間， 「喀嚓」一聲， 相機打開了。 麗莎高興地不得了了， 她相信她馬上就可以看到自己的照片了。 但是很奇怪， 相機裡面只有一卷長長的黑色帶子， 上下還有一排整齊的洞。 她把整卷帶子都拉出來， 但是沒看到什麼照片。 相機裡除了這條帶子外， 什麼也沒有。

麗莎非常失望， 心想爹地一定搞錯了。 她試著把那卷黑帶子再捲回去， 這樣爹地就不會發覺有人動過他的相

機了。可是她怎麼弄就是弄不好；她越想把它裝回去，就越裝不進去，最後她只好失望地放棄了。

你們可以猜想到爹地回來之後，會有什麼表情。

爹地回來差點沒氣死，等到麗莎停止哭泣後，爹地向她解釋說，她已經把所有的底片都弄壞了，他們再也看不到那天早上所拍的照片了，因為它們全部都在那卷「黑色帶子」裡。

麗莎從此學到一個教訓，她再也不敢隨便亂拆東西了。

整條麵包

有一天，米諾嫌家裡的點心一點也不美味，一直吵著要媽咪去買新口味的零嘴。爹地在旁邊聽見後，就叫大家都坐下來，他要講一個故事給大家聽。

「俄國大革命之後，全國人民過著非常困苦的生活。成千上萬的人都餓死了。有的人甚至在一夕之間變成乞丐。以當時的情形來說，小孩子們一定很難理解，因為戰爭來得實在太突

161

然了。 我想，他們中間一定有許多人悲傷地把眼睛都哭腫了！ 」

「那時候有一家人，他們的人生也因此有了大轉變。 爹地被殺， 媽咪後來也死了， 家裡只剩下祖母和三個孩

子。 以前他們的房子多富麗堂皇啊！ 桌上永遠擺著好吃的食物及水果。 可是， 現在四個人卻擠在一間破爛的小木屋裡。 祖母成天縫織東西， 想辦法要多賺點錢來養活孩子們。 但儘管她做了許多活， 仍很難將做好的手工藝品換

成食物，因為當時糧食非常短缺。」

「有一天，家裡最後的食物也吃完了。中午吃完那片薄薄的麵包皮後，家裡就什麼也沒有了。祖母真是非常難過，雖然她不想讓孩子們知道她的煩惱，但她還是不得不把實情告訴他們。她把孩子們叫過來，告訴他們實際的情況，然後他們一起跪下來向主禱告。她知道他們已經一無所有了，除非上帝幫助他們，不然他們也只好跟其他窮人一樣，活活餓死。」

「他們就這樣一直跪著禱告。這是一個多麼奇特的祈禱啊！我不知道他們每個人說什麼，但小妹妹的禱告是這樣的：『親愛的上帝，請你給我們好吃一點的食物當晚餐，我不想要再吃那種硬邦邦的麵包皮了，請你給我們整條麵包。』」

「因為他們已經好久沒見過整條麵

163

包了；他們的渴望，就像我們平常渴望能吃到美味的生日蛋糕一樣。」

「晚餐的時間到了，可是桌上仍然沒有食物。可憐的孩子們！他們多渴望有東西吃啊！『奶奶，您還沒有磨好切麵包的刀子嗎？』小妹妹對祖母說，她完全相信她的禱告會得到上帝的回答。」

「祖母為了不讓小妹妹失望，就默默地磨好麵包刀。時間一點一滴地過去了，孩子們還是又冷又餓，沒有食物吃，只好上床睡覺，突然間，他們聽到有人急叩門的聲音。」

「祖母連忙去開門，有個男士站在門口，滿身都是雪。她認識這個人，他是他們家的老朋友。他說他已經走了二十哩路了，祖母趕緊邀請他進來坐。『今晚是什麼風把您吹來了？』她問。」

164

「今天中午，我忽然想起你們一定很需要食物，所以我就立刻過來看看你們。然後他轉向孩子們說：『你們一定猜不到我帶了什麼東西來給你們吧！』」

「『我猜得到。』小妹妹說。『那是什麼呢？』那人微笑地問。」

「『嗯，那一定是整條麵包。』小妹妹說。」

「『一點也不錯！』那位朋友驚訝地回答，隨即掀開他的外套，從衣服裡取出整條麵包來。『小妹妹，妳怎麼知道？』那個人很好奇地問。」

「孩子們告訴他，他們怎樣祈求上帝賜食物給他們，小妹妹說，她祈求上帝給他們整條麵包。那人笑著對小妹妹說：『妳的願望實現了！上帝回應了妳的請求』。」

「雖然他們只有整條麵包，沒有奶

油可塗，也沒有熱湯可喝，但是對他們來說，那天的晚餐卻是出奇的好吃呢！」

「人要懂得珍惜！有許多地方的小孩，可能連下一餐都沒著落，所以你們不要浪費食物。」爹地講完故事之後，轉身對米諾說。

「沒想到，世界上還有這麼多可憐的孩子，以後我不會再吵著媽咪買零嘴了。」米諾聽完故事後露出驚訝的表情說。大家都笑了。

19

麗莎的脾氣

　　從這個題目你就可以猜到：麗莎的脾氣一定不是很好。沒錯！她常常生氣又沒耐心。你可能沒看見過像她那樣壞脾氣的小孩。如果你要她去擺餐具，預備晚餐，她就會發牢騷；如果她想吃麵，你卻給她吃麵包，她就會噘著嘴不肯吃；如果倒給米諾的飲料比她的還多，那她就會抱怨說大人不公平！

　　麗莎唯一不抱怨的時候，就是當她

做她喜歡的事。她玩耍時，如果有人打岔或請她幫忙做其他事，哇，那就有得瞧了！她一定會嘮叨半天的。

有一次，麗莎正在玩洋娃娃，她最喜歡的事就是跟洋娃娃一起玩。

忽然弟弟米諾跑進來。

「麗莎，妳能幫我繫鞋帶嗎？」他要求說。

「不行，」麗莎生氣地說。「我現在很忙，走開！米諾，你很討厭呢！老是要別人幫你繫鞋帶。」

「嗚……哇……麗莎又罵我了！」米諾哭了起來，他跑出去告訴媽咪。

幾分鐘後，廚房的窗子打開了，媽咪的頭伸了出來。

「麗莎，我要妳幫忙跑個腿，幫我到街角那家雜貨店買東西。」

「哎呀！」麗莎大叫了起來。「媽咪真是的，老是要我幫忙跑腿，害我

169

都沒有時間玩。」

麗莎最後還是去了，她從屋子走到大門，一路上嘟著嘴自言自語。她似乎忘了媽咪「時常」幫她做事，並且是從大清早忙到深夜。

天黑時，爹地回來了。麗莎一邊看圖畫一邊著色。

「麗莎，」爹地輕輕地叫。「幫我把拖鞋拿來，乖孩子。」

「哎呀！」麗莎又叫了起來。「老是叫我拿東西。我一天到晚都在幫忙拿東拿西的；我都沒時間畫畫了！」麗莎抱怨地說。

「哦，真的是這樣嗎？」爹地說，他最清楚麗莎的老毛病。「好吧！沒關係；我自己去拿好了。」

麗莎一邊碎碎唸，一邊爬上樓，但她的氣還沒有消。她開始計畫要怎樣離家出走，到一個不必常常替別人跑腿做事的地方。她還自認這個點子似乎不錯。當她正胡思亂想的時候，不禁就昏昏入睡了。

在睡夢中，麗莎正準備離家出走。她拿起自己的手提包，一聲不響地偷偷溜下樓去，很快地她就搭上公車到火車站。買了一張票到港口，那裡停

泊著一艘大輪船。 她坐了很久的船， 最後到達一個美麗的國家， 那裡的人民都可以按照自己的想法做事情。 她上岸後， 船也開走了。

有一段時間， 她非常的快樂， 因為沒有人要她幫忙做事。 但是對麗莎來說， 那些全是陌生人， 所以過了不久之後， 她開始感到孤單了。 而且那些人都只專顧著自己的事， 因此麗莎也找不到人來幫忙。 忽然這時候她很希望再看到媽咪。 可是那裡的人告訴她說， 這段時間她沒有法子離開， 因為那艘船將離開一段很長很長的時間， 短期內不會再開回來了。

日子一天天的過去， 好幾個月、 好幾年過去了， 最後船終於開回來了， 麗莎急忙跳上船。 這些日子以來她感到非常的寂寞， 好想回家去看媽咪、 爹地、 米諾、 朗尼、 傑利。

終於，她回到自己的家門口了。她原本希望讓媽咪驚喜一番，但出來開門的人，卻是一名陌生的太太。這下子她心裡不禁害怕起來。

「媽咪在家嗎？」麗莎問道。

「媽咪？是誰的媽咪呀？」這位太太問。

「我的媽咪！」麗莎拚命地叫，她推開這名婦人，自己走進屋裡。

「他們早就不住在這裡了，」這位太太說。「從前住在這裡的那位女士早就死了。她因為女兒離家出走，傷心欲絕，不久就病死了。」

「媽咪死了！」麗莎哭著說。「那爹地在哪裡？」

「他們搬走了。我也不曉得他們現在住在哪裡？」這位太太說。

「我的弟弟米諾呢？他在哪裡？我要向他道歉！」

「米諾？ 妳爹地一家人全都搬走了呀！」

「嗚嗚！ 嗚嗚！」麗莎忍不住哭著說。「他們都離開我了！ 我當初為什麼要離家出走呢？ 我要告訴他們我有多愛他們！ 我以後再也不會向他們亂發脾氣了。 媽咪，媽咪，對不起！ 我錯了！」

「喂！ 喂！ 妳在說什麼？」爹地使勁推著麗莎，把她搖醒。

「哦，爹地！ 真的是你嗎？ 我太高興了！ 媽咪？ 媽咪在哪裡？」

「媽咪？」爹地說，「媽咪在樓下為我們預備晚餐呀！」

「真的太好了！」麗莎激動地說。「我現在要下去看她。」她隨即跳起來，緊抱爹地一下，又在米諾的臉上親吻一下，然後她衝下樓，緊緊地摟住媽咪。

隨後吃晚餐時，麗莎就把她所做的惡夢和夢中所遇見的事，一五一十地告訴家人。從那次起，麗莎不再那麼經常嘟嘴發牢騷了。

20

聖誕老公公
掉了禮物

聖誕節快到了。 米諾很早就聽爹地說過， 白鬍子的聖誕老公公， 會在聖誕夜的晚上從煙囪爬下來， 悄悄把禮物塞在小朋友掛的襪子裡。 米諾心裡暗想， 今年我要比哥哥們多拿一些禮物。 只要我多掛幾隻襪子在床欄上， 不就可以多拿了嗎？ 反正在夜裡， 黑漆漆地， 聖誕老公公年紀一大把了，

177

他一定搞不清楚！

「反正，　」米諾自言自語笑著說，「我就多掛幾雙試試看！」米諾很努力地蒐集家裡所有的襪子，有爹地、媽咪、傑利、朗尼、麗莎的襪子，只要他能找得到的，統統被拿來掛在自己的床欄上，甚至外婆的襪子，他也沒放過。

「太棒了，這一次我可以拿到很多禮物了！」米諾躺在床上，看著那一大串五顏六色的襪子、大襪子、小襪子、花襪子、素襪子、長襪子、短襪子，統統掛在那兒。「要是明天早晨每隻襪子裡都放滿了禮物，那我會多開心啊！」米諾越想越高興。

後來米諾睡著了，便做起襪子的美夢。他夢見每隻襪子裡面都放滿了可愛的東西。有一輛玩具汽車、一隻小喇叭、一個絨毛熊，還有各色各樣的泡泡糖。米諾真的以為自己在邊玩邊吃，他開心極了，睡夢中還從嘴角流下口水。

到了半夜，米諾在睡夢中，好像似乎聽到兩個人躡手躡腳地爬上樓來，一會兒，那兩個人就進入他睡覺的房間了。

「他倒是睡得很熟呀！」一個說。

「我想現在可以動手了。」

「對，」另外一個說。「不過我們還是得輕聲點，免得把他驚醒。」

「咦，怎麼有這麼多的襪子呀？」第一個說話的人很驚訝地問。

「是啊！」第二個人說，「他連我們的襪子都拿來了。他說他要讓襪子裡面統統裝滿東西。」

「真是貪心！」第一個說。

「真是的！」第二個說。

「好吧！我們得給他一個小小的教訓，」第一個又說。

「但可別叫他太難受了啊！」第二個接著說。

「不會的！來吧！我們還是快點動手！從這一邊開始吧！」

「好，小聲點！他好像要醒了。」

「你拿住襪子，」第一個說，「讓我來放東西。」

180

「好的。趕快，趕快！」第二個回答。於是這兩個人就在黑暗中加緊地忙著。

「車子好漂亮啊！」米諾在夢中說起話來。

「哎！原來他在說夢話，」第一個說。「我還以為他醒來了。」

「真是的！」第二個人叫了起來。「我嚇了一跳。」

「那隻最小的襪子放在哪兒呢？」第一個問。

「在這裡！」第二個說。

「我就是要找這一隻襪子；你把它打開吧！」

這兩人在床邊彎下身子，仔細看著米諾是不是真的睡著了，其中一人吻了米諾一下，然後兩人悄悄走了。

天亮了。晨光透過窗簾照射進來，小米諾便醒了。他一睜眼，就連忙掀

開被子，爬下床，又摸又翻地檢查那些襪子。

哈哈！太好了！每隻襪子裡真的都有東西。米諾開始得意起來，雖然每隻襪子都沒有裝滿，但總算有東西在裡面。有的襪子看上去還蠻重的，他開始一隻一隻的把襪子拿下來。

米諾把小手伸進第一隻襪子裡，掏出來一看，哦！原來是一根香蕉！

米諾「嗯」了一聲。雖然沒有他想像的那麼好，但才剛開始，還不算太差。剝了香蕉皮後就一口一口地吃起來。「現在看第二隻吧！」他滿嘴香蕉含糊地說。

伸、伸、伸、一直伸到襪底，他肥胖的小手掏出一個小皮球！

一個小皮球，還不錯！只是小了一

183

點。　那玩具汽車呢？　放在哪一隻襪子裡？　從第三隻襪子拿出來的東西是一小盒糖，　第四隻有一個橘子。　每隻襪子裡總有一點小東西，　但都不是米諾想要的。　這下他開始感到失望了。　一直掏到最後一隻襪子，　雖然裡面都塞滿了，　但都是一些零碎的小玩意兒。　小喇叭在哪裡呢？　絨毛熊呢？　玩具汽車呢？

　　米諾垂頭喪氣地走下樓來，　準備吃早餐。

　　「早，　米諾！　」爹地見到米諾連忙跟他打招呼。　「你那些襪子怎樣了？　有沒有禮物在裡面？　」

　　「沒有，　」米諾失望地說，　他好不耐煩似的。　「聖誕老公公弄錯了。　」

　　「弄錯了？　」爹地驚奇地問。　「怎麼啦？　」

　　「嗯，　他只是把要裝滿一隻襪子的

東西，分裝到每一隻襪子裡，所以我說這是騙人的。」

「哈！哈！哈哈！」爹地不禁笑了起來。「多好笑啊！米諾，你知道我怎麼想嗎？」

「什麼？」米諾莫名其妙地問。

「我想聖誕老公公看見那麼多的襪子掛在那裡，他一定大吃一驚，然後就會說：『原來住在這房間的小孩非常貪心，讓我給他一個教訓吧！』」

「嗯，」米諾難過著說。「下次我再也不敢這麼貪心了。我想我是罪有應得！我沒有收到我想要的禮物。」

「哦，我差一點忘了，」爹地一臉神祕的說，「今天早上，我在走廊的地上看到一個包裹，上面寫著：『米諾先生收』。」

「真的嗎？」米諾睜大雙眼說。

「真的，就是這個包裹！」

米諾一從爹地手裡接過包裹，連忙打開來看。裡面裝的正是他想要的東西——一輛玩具汽車、一個小喇叭、一隻絨毛熊，還有一盒各種顏色的泡泡糖。

「這個包裹一定是聖誕老公公在上樓時，不小心掉在走廊上的。」米諾高興地說。

「嗯，也許是吧！」爹地不禁偷笑地說。

「聖誕老公公一定知道我不是壞小孩，我以後不會再那麼貪心了。」米諾一邊自言自語，一邊高興地把他的禮物抱回樓上。

解不完的線

假期到了，傑利想要玩風箏。

傑利當然不只想玩風箏，因為他運動和功課都很好，多才多藝，但就眼前來說，這是他現在最想玩的。

「爹地，」他一臉期待的說，「你看轉角處的那家商店有好多風箏啊！而且他們的風箏樣式又多又好看。我很想要買一個，爹地。」

「他們的樣式和圖案，其實都還可以啦！」爹地淡淡地回應著，表示沒

有多大的興趣。

「爹地，我們一起去看看嘛！」傑利央求說。

「我已經看過不少的風箏了。」爹地不想去。

「但現在有一種新式的，」傑利堅持著說，「我一定要買來玩。如果我們不趕快去買，就買不到了！」

「哎，別這麼沉不住氣，」爹地回答說。「不會買不到的，現在有什麼東西會買不到？你不要那麼緊張。」

「可是，不快點不行！如果我們現在不買，就會被別人買走。因為我剛才看見一個小孩子站在那家店門口，一直望著那個我想買的風箏，我看他一定也想要買那個風箏。」

「那就讓他去買好了！」爹地徐徐地說。

「啊，我不要他買走我的風箏！」

傑ㄐㄧㄝˊ利ㄌㄧˋ有ㄧㄡˇ點ㄉㄧㄢˇ失ㄕ望ㄨㄤˋ地ㄉㄜˋ說ㄕㄨㄛ，「況ㄎㄨㄤˋ且ㄑㄧㄝˇ那ㄋㄚˇ個ㄍㄜˋ風ㄈㄥ箏ㄓㄥ又ㄧㄡˋ不ㄅㄨˊ貴ㄍㄨㄟˋ，只ㄓˇ要ㄧㄠˋ一ㄧ百ㄅㄞˇ塊ㄎㄨㄞˋ錢ㄑㄧㄢˊ而ㄦˊ已ㄧˇ。」爹ㄉㄧㄝ地ㄉㄧˋ開ㄎㄞ始ㄕˇ側ㄘㄜˋ耳ㄦˇ聽ㄊㄧㄥ著ㄓㄜ傑ㄐㄧㄝˊ利ㄌㄧˋ說ㄕㄨㄛ。

「只ㄓˇ要ㄧㄠˋ一ㄧ百ㄅㄞˇ元ㄩㄢˊ？如ㄖㄨˊ果ㄍㄨㄛˇ你ㄋㄧˇ想ㄒㄧㄤˇ買ㄇㄞˇ的ㄉㄜˊ話ㄏㄨㄚˋ，應ㄧㄥ該ㄍㄞ用ㄩㄥˋ自ㄗˋ己ㄐㄧˇ的ㄉㄜˊ零ㄌㄧㄥˊ用ㄩㄥˋ錢ㄑㄧㄢˊ吧ㄅㄚ？」

「當ㄉㄤ然ㄖㄢˊ我ㄨㄛˇ自ㄗˋ己ㄐㄧˇ付ㄈㄨˋ啊ㄚ！嗯ㄣ……如ㄖㄨˊ果ㄍㄨㄛˇ爹ㄉㄧㄝ地ㄉㄧˋ……你ㄋㄧˇ肯ㄎㄣˇ借ㄐㄧㄝˋ我ㄨㄛˇ五ㄨˇ十ㄕˊ塊ㄎㄨㄞˋ錢ㄑㄧㄢˊ的ㄉㄜˊ話ㄏㄨㄚˋ。」

「啊哈！」爹地說，「這些話我好像以前也聽過。你……」

傑利連忙把話題又轉回風箏，就說他從來沒有玩過風箏，同學們都有風箏，有的人甚至還有兩、三個風箏。如果他有一個風箏的話，那他就不用每次都跟同學借，況且下課後大家會一起去放風箏，爹地可以安心地看他的報紙，不用擔心他會跑來找爹地，要求陪他一起去放風箏。至於那五十元，傑利向爹地鄭重保證，他承諾在一星期內還清。

不知道是因為傑利說的很合理，還是爹地怕傑利沒買到風箏會很失望，他竟然被說服了，就陪著傑利到轉角處的那家商店去買風箏了。

「就是那個，那就是我要的！」傑利興奮地叫了起來。「還好，它還掛在那裡。我的運氣真不錯，爹地，還

好沒人買它。」

「要是它被買走了，那你一定會很失望！不過，那個風箏會不會太小太薄了？」

「是啊，」傑利點頭說。「當然，大一點的風箏比較好，可是，爹地，你知道的，大風箏會貴很多！」

「嗯，沒錯！」爹地開始思考。

他們跟女店員討價還價，聊了約二十分鐘，最後，爹地花了兩百元。他們決定買大風箏，原來的那個一百元風箏被放回架子上。

傑利高興得幾乎快要跳起來了。

「爹地，我一定會還你錢。」傑利再度承諾。

「當然囉！」爹地說，不過他看得出來這筆錢不太可能會還清，當然他也不會向傑利暗示。

當他們正要離開那家商店的時候，

爹地注意到另一件事。

「你的線呢？」爹地說。

「線？」傑利有點驚慌失措似地重複說。

「是呀！線呀！」爹地強調說。「你已經有線了嗎？還是店家沒有附上線給你？」

「嗯……嗯……沒有啊！」傑利喪氣地說，「我沒有線。我沒有想到這一點。難道他們賣風箏沒有順便提供線嗎？」

「不一定。通常長線需要再另外購買。」傑利拉長了臉。「爹地，那我恐怕還得再跟你借錢了，」他說。

爹地笑了起來。「我會借給你的，孩子。但是要記得，在你還沒準備好使用這些線以前，千萬別去解開它。要用的時候，也要記得把線繞在一塊圓圓的厚木頭上。」

「嗯，我知道了。」傑利說。

他們終於走出店家，回到家裡。這回爹地可不止花了兩百元，而是花了三百元，而傑利一毛錢都沒花。

吃晚飯的時候到了，一家人坐在餐桌前，卻看不到傑利。

「傑利，吃飯囉！」爹地叫，「你在哪裡呀？」

媽咪卻替傑利回答了。「沒什麼事情，」她說。「傑利有一點小麻煩，他待會兒就下來吃飯了。」

可是，傑利並沒有如媽咪所說的，只有一點小麻煩。爹地等了一會兒，還是沒看見傑利下樓，就到樓上去瞧瞧究竟怎麼一回事。爹地發現傑利待在另一個房間裡，地上放著一團線。說得正確一點，是一大團糾纏不清的線，那實在是一個可怕且令人心急的亂線團啊！可憐的傑利正坐在地板上

193

挑呀、扯呀、拉呀、纏呀、捲呀地忙個不停，總是弄不好，他的臉上露出十分苦惱的樣子。

「這是怎麼一回事？」爹地驚訝地問。「這不是今天上午我們才剛買回來的線嗎？」

傑利很難過地抬起頭來，用那雙快要哭出來的眼睛望著爹地的臉，然後又一言不發地繼續他那似乎永無止境的事。

「傑利，怎麼搞的？是不是你還沒有把線繞到木頭之前，就解開了這線團？」

傑利點點頭，就在這瞬間，一大滴淚珠掉落到地板上了。

「唉，」爹地嘆了口氣地說，「我不是跟你講過了嗎？這就是你該受的責罰。」

「我知道。」傑利後悔地說。

　　為了這一團亂七八糟的線，爹地、媽咪、外婆、阿姨，大家都一起來幫忙。即使如此，也是經過兩天的同心合力之後，才終於順利整理完畢。當大家看著風箏在空中翱翔時，都開心地笑了。

表妹蘭琪來了

「麗莎！」一天吃早餐的時候，媽咪拆開一封信，興奮地說，「告訴妳一個好消息！妳的姨媽要到我們家裡來住一個星期，她也會把妳的表妹蘭琪帶來；這真是太好了！」

但麗莎看起來一副並不怎麼高興的樣子。

媽咪也注意到了。「怎麼啦？」她詢問著，「難道蘭琪要來我們家玩，妳不歡迎她嗎？她來了，妳就有玩伴

了！為什麼妳看起來不怎麼開心的樣子呢？」

「我不喜歡蘭琪來。」麗莎說。

「咦，妳為什麼不喜歡她來呢？」媽咪覺得很奇怪。「我的小寶貝是不是又起了一點自私心？」

你們可以看得出來，媽咪非常了解麗莎；因為她是家裡唯一的女孩子，所以對於每一樣事物都喜歡按照她自己的意思及方式去做。但實際上，媽咪這次會主動邀蘭琪來，也是為了幫助麗莎，讓她學習如何與別人分享，如何與人和睦相處。

「她很有可能會把我最心愛的洋娃娃弄壞，」麗莎說，「她也會把我所有的玩具弄得一團糟，我情願她不要來。」

「哎，可是麗莎，」媽咪說，「如果妳真心歡迎她，盡力使她高興。我

想，她也會儘量討妳的喜歡，讓妳高
興。這麼一來，妳們倆就可以玩得很
開心了，不是嗎？」

「我不要她來！」麗莎又重複說了
一遍。「那她要睡哪裡？」

「我想最好讓她和妳睡在一起，」
媽咪說。「無論如何，她總是妳的表
妹，而且……」

「反正我不想要她睡我的床，」麗莎插嘴說，她的小腳在地板上頓了一下。「因為她會佔據我整個房間，讓我一分鐘也安靜不了。而且，她晚上睡覺一定會踢我的。」

「哈哈，她的個子哪有那麼大！」媽咪禁不住的笑了。「不論怎樣，麗莎，妳的床是一張大床，足夠讓兩個人一起睡。」

「不行，媽咪！」麗莎堅持的說，「我不要別人睡我的床，我不要別人在我的臥房，我不要別人動我的東西啦！我不要別人……」

「麗莎，」媽咪說，「妳不該這樣想。妳不要把所有的東西都只留給自己用，那妳絕不會得到快樂的。試著與別人分享，到時候妳一定會覺得非常、非常快樂。」

「我不要啦！」麗莎嘟著嘴大叫起

來。「我不要任何人睡我的床。我不要嘛！我就是不要嘛！」

說著她就氣沖沖地跑出去，隨手把門砰地一聲關上。

媽咪把信摺好收起來，開始想該怎麼做。

三天後，蘭琪和她的媽咪一起來拜訪了。哎！這個小女孩從麗莎那邊所得到的招待，可真是冷淡極了！

「媽咪，妳要記得喔！」當客人被領上樓時，麗莎在媽咪的耳邊輕聲說著，「我不要她進入我的房間喔！」

媽咪假裝沒聽到她講的話，就逕自打開麗莎的房門，說：「蘭琪，可愛的小寶貝。我想妳一定會喜歡和表姐麗莎一起睡在這個房間的。」

「會的，謝謝妳，姨媽！」蘭琪開心的說。

但麗莎生氣了，她等到媽咪轉身帶

201

阿姨到另一間臥房時， 她私下對蘭琪說：「 如果妳要睡在我的房間裡， 就要非常小心我的東西。 如果沒有我的允許， 妳絕對不可以隨便翻動。 妳一定要記得喔！ 」

「 我絕對不會的； 真的， 妳放心好了， 」蘭琪說。 「 我只會看看而已， 不會亂動。 」

「 還有啊！ 」麗莎說， 「 妳今天晚上睡覺的時候， 不能佔據太多的地方喔！ 不然， 我可會不客氣的喲！ 我從來沒有讓人睡過我的床！ 。 」

「 妳放心好了， 我不會佔妳太多地方的。 」蘭琪笑了。

其實， 麗莎心裡十分不情願讓別人睡在她寶貝的房間裡， 就連蘭琪也不行； 不過她也覺得蘭琪是個很可愛的小女孩。

到了晚上要睡覺的時候， 她們倆盡

可能遠遠地分開躺著，蘭琪睡在床的這一邊，麗莎睡在另一邊。

「睡過去一點，」沒多久，麗莎就開始說話了。「妳的腳踢到我的腳了啦！」

「對不起，」蘭琪說。「我不是故意的。」

沉默了一會兒。「妳能不能再移過去一點呢？」麗莎氣沖沖地說。「妳看，妳睡到中間來了。」

「好的。」蘭琪挪開一點。

安靜了一會兒。「麗莎，」蘭琪細聲地叫。

「嗯，妳有什麼事？」

「妳有沒有打過枕頭仗？」

「沒有啊，怎麼啦？」

「那真的很好玩。我和哥哥玩過好多次。」蘭琪神祕的說。

「那怎麼玩呢？」

「噓！小聲點，我來教妳。」蘭琪
用很微小的聲音告訴麗莎，麗莎感興
趣的仔細聽著。她從來沒有玩過這種
遊戲。她們兩個人很快就從床上坐起
來，隨即又站起來。

「我先來，」蘭琪說。

拍的一聲！枕頭打到麗莎的頭。

「哎唷！」麗莎叫了起來，往後退
了幾步。

「現在輪到妳了！」蘭琪說。

「我試試看，」麗莎說著就拿起她
的枕頭，使勁朝蘭琪的頭打去；她還
因為太過用力，差點從床上掉下來。
遊戲開始玩了。啪！啪！啪！哎唷！
哎唷！哎唷！突然砰的一聲。蘭琪掉
到地上了，但她一下子就爬起來，接
著兩個人就在彈簧床墊上跳來跳去，
有時打中了，有時也打不中。但她們
玩得太高興，吱吱咯咯笑個不停，甚

至笑得連氣都喘不過來。

「樓上好像有什麼聲音。」蘭琪的媽咪疑惑的說。

「啪！啪！哎唷！哎唷！哎唷！」樓上可熱鬧了。

「或許我們該上去看看她們兩人在樓上搞什麼。」麗莎的媽咪也說。

「噓！」蘭琪小聲說。「媽咪她們來了！趕快，趕快躺下來！」

兩個人在被子裡不動著裝睡。

「把我摟得緊緊的吧！」蘭琪說。「這樣她們就會以為我們睡著了。」

「可愛的小寶貝們，」兩位媽咪從門縫裡看著這對彼此緊緊擁抱著，看似「熟睡」的小孩，不由得笑著同聲說。

「我早知道她們

在一起，一定會相處得很愉快的。」蘭琪的媽咪說。

「嗯……是的，」麗莎的媽咪說，「我只希望她們在一起會開心。」

「我很喜歡蘭琪，」有一天麗莎突然說起，「她實在好玩極了，我們兩個人在一塊玩得真開心。今天她要替我心愛的洋娃娃洗澡，媽咪，妳看了以後一定會笑死的。」

「真的嗎？妳現在喜歡她到我們家來玩了？」媽咪故意笑著問麗莎。

「當然喔！」麗莎說，「媽咪，以後叫她媽咪一定要常常帶她來我們家玩！」

母親不禁又笑了，心想，孩子終究還是孩子，不過麗莎總算懂得與人分享了。

誰也不聽我的指揮 23

　　這件事，發生在爹地帶著麗莎和朗尼去聽完演奏會回來的路上。這一天晚上，朗尼和麗莎獲得一次特別的待遇——爹地帶他們去聽演奏會。

　　他們姐弟倆都很喜歡聽音樂，所以跟爹地談條件：只要他肯帶他們去演奏會，他們就答應好幾個星期都會表現良好，乖乖聽話。

可是，才剛聽完演奏會，他們就把自己的承諾忘得一乾二淨了。事情是這樣發生的：演奏會結束後他們一起步行回家。不幸的，朗尼和麗莎都搶著要握爹地的右手。這真是一件可笑的事！握爹地的左手跟握爹地的右手不是都一樣嗎？可以一人握一手呀！可是，就為了這麼一件愚蠢的小事，爭吵就開始了。

「是我先握爹地的手，」朗尼說。

「不，是我先的！」麗莎說。

「亂講！妳走開啦！」朗尼一臉生氣地說。

「你才亂講；你走開！這是我的位置！」麗莎開始不耐煩地說。

「這有什麼關係嗎？左手和右手都可以握呀！」爹地問。

「爹地，可是，是我先握著你的右手的，」朗尼說。

「才不是！爹地，是我先的，」麗莎說。「就算是朗尼先握的，現在也該輪到我了。」

「沒有輪流的！」

「不管啦！現在就是該我了。」

「哪有這樣的事！妳不要搶我的位置！」

「麗莎、朗尼，統統閉嘴！」爹地生氣了。「這麼晚了，你們兩人還在路上為這種小事吵吵鬧鬧，不覺得很丟臉嗎？」

「這是我的位置。討厭！妳趕快走開啦！」朗尼說，他充耳不聽爹地的斥責，使勁地把麗莎推開。

「你很煩呢！這才不是你的位置！這是我的……」麗莎不甘示弱地叫了起來，她把爹地的右手抓得更緊了。

「好了，你們都不要吵了，」爹地斷然地說。「朗尼，馬上過來這邊，

牽我的左手。　」

　「我才不要！　」朗尼固執地說，隨即就站在原地不動。「我要自己一個人走。　」

　「隨便你，　」爹地說。「但不要忘了，我們還有下一次的演奏會。　」

　他們就這樣朝家裡的方向走，朗尼越來越落後，甚至距離爹地和麗莎一大截，一路上他都是低頭拖著鞋子走

路，不時還踢踢路邊的小石子。

他們回到家時，早過了該上床睡覺的時間，所以媽咪也沒有問他們在路上發生了什麼事，就連忙打發孩子上床睡覺了。

沒多久，朗尼就氣呼呼地把頭蒙到被子裡睡著了。

咦！這是什麼？他怎麼又回到演奏會來了？不可能呀！而且他還置身在樂團當中。最叫他驚奇的是：他竟然是樂團的指揮。在他的身後，有好幾百名觀眾，其中有不少人是他所熟悉的，他的同學們也來了不少。他心裡覺得非常得意，畢竟在這麼多人面前當樂團的指揮，是多麼神氣的一件事呀！他決定在這天晚上要讓他們聽聽那美妙的音樂。

朗尼隨即看了樂團團員一下。「他們全到齊了嗎？他們準備好要演奏了

嗎？ 是的！ 」於是他拿起指揮棒， 在
譜架上輕巧地敲了幾下， 神氣十足地
舉起雙手， 準備要指揮了。 但是， 團
員誰也沒動手。

朗尼又再敲幾下。 可是好像沒有一
個人注意他似的。 「準備！ 」他緊張
地大叫。 「你們沒聽見嗎？ 開始！ 」

這時， 鼓手就打了兩下， 而喇叭手
也只吹出一陣又尖又長的高調。 他身
後的觀眾都笑了起來， 他也聽到了臺
下同學的陣陣竊笑聲。

「演奏！ 」朗尼又再大喊一次。 「
開始！ 一起演奏！ 」他瘋狂地敲擊著
譜架。

高音笛手吹出尖銳的一聲， 就停住
了。 接著伸縮喇叭的聲音響起， 但是
他們似乎奏著不同的調子。 朗尼失望
極了。 他盡力揮手要打拍子， 可是每
個樂器都彈著不同的節拍。 現在輪到

豎笛演奏了，又是不同的曲調。朗尼向他們大聲吆喝，要他們看著樂譜演奏，但是誰也不聽他的。這時其餘的隊員也開始演奏了，簡直亂七八糟，每一個人都在演奏自己的曲調。他們只按照自己所喜愛的方式及歌曲，任意演奏。

至於朗尼，不論他多著急，也沒有誰理他，好像他不在場一樣。雖然如此，他覺得自己仍有責任。他身後的那些觀眾對他的期望很高；可是，如今卻變成這樣！這實在太可怕了！刺耳的噪音越來越大聲，朗尼簡直要氣瘋了。

「停！」他向全體團員發出尖銳的喊叫聲。「停！停止，聽我說！你們沒聽見嗎？喂！你們為什麼不聽我的話？停！我說：『大家停下來，聽見沒有？』」

「怎麼啦？怎麼啦？」媽咪連忙用手撫摸著朗尼的頭。「沒事，沒事！孩子。不要害怕。」

朗尼急忙從床上坐了起來。

「原來我不是在樂團那裡，」朗尼鬆了一口氣說。

「在樂團那裡？」爹地笑了起來。

「唉！」朗尼說。「爹地，你總該有聽見他們演奏的聲音吧？他們就是不肯聽我的話。他們只管拼命彈自己喜歡的歌曲。我大聲喊，要他們聽我說話，但他們根本都不聽。」

「誰呀？」爹地問。

「當然是那些樂團團員嘛。難道爹地沒聽見他們亂七八糟的演奏？」

「嗯，沒有，我什麼都沒聽見，」爹地說，「可是我有聽到有人在床上喊叫，也聽見有人在路上吵架。」

「哦……是的，」朗尼恍然大悟地

說，這時他終於完全清醒了。「我想我做惡夢了，我大概也知道為什麼我會做惡夢了。」

「你還是趕快睡覺，明天早上再講吧！」爹地說。

「嗯，特別是……」朗尼一邊說一邊躺回床上，不一會兒他就睡著了。

第二天早上，朗尼仍記得這個夢，還直說他被嚇得冒了一身冷汗。後來爹地發現，以後朗尼不聽話的時候，這個惡夢對他倒是蠻管用的。

因為自從這次做惡夢後，不管什麼時候朗尼顯出不聽話的樣子，爹地就只要說：「朗尼，你的樂團團員後來怎麼啦？」就能馬上見效。

24

拯救金絲雀

　　麗莎和朗尼又開始為了輪到誰該幫瑪魯洗澡而吵架。爹地一聽到他們的吵架聲，就說他今天要講一個有關動物的故事。米諾一聽到爹地要講故事了，就快速地坐上爹地的大腿。麗莎和朗尼這時也不顧瑪魯該不該洗澡，就搶著拿椅子到爹地的面前坐下。爹地笑一笑就開始說：

　　「安妮是一個住在鄉下的小女孩，她養了一隻美麗的金絲雀。這隻金絲

雀是阿姨送給她的生日禮物，安妮非常喜歡這隻鳥，把牠看作寶貝似的，每天跟牠玩，無微不至地照顧牠。」

「金絲雀雖被安置在一只非常精緻的鳥籠裡，但安妮還是時常把牠放出來，讓牠站在自己的肩膀上；吃飯的時候，也讓牠站在自己的盤子旁邊。只要安妮輕輕吹一聲口哨，金絲雀就會放聲高唱，讓整個屋子充滿了牠那美妙的歌聲。」

「有一天，這隻金絲雀卻忽然失蹤了。鳥籠的門是敞開著的，金絲雀卻不見了。安妮把整個屋子從上到下都找遍了，還是沒找到。於是她就跑到外面院子裡找，希望能在小樹叢裡聽到『啾啾！』的鳥叫聲。但是，她什麼都找不到，全無蹤影。」

「安妮接著又去察看小黃狗和小花貓。當然，她非常懷疑是牠們 —— 特

別是小花貓——嫌疑最大，可是，經過她仔細的檢查，發現應該與牠們倆無關。」

「三天過去了，金絲雀依然沒有回來。可憐的安妮這時真是傷心極了，因為她一想到她可愛的金絲雀可能已經死掉了，就非常難過。因為她再也不可能找到像牠那樣溫馴可愛的金絲雀了。」

「後來有一天早上，隔壁的溫蒂阿姨把安妮叫去。『我想我知道妳的金

絲雀飛到哪裡去了！』溫蒂阿姨告訴她說。」

「『真的嗎？』安妮高興得手舞足蹈起來。『在哪裡？在哪裡？』」

「『妳跟我來，我指給妳看，』溫蒂阿姨說。『我好像有聽到牠在那裡不停地叫著。』」

「『我們現在就去！』安妮說，就連忙拉著溫蒂阿姨，要她帶路去找她心愛的金絲雀。」

「『我們從這邊走吧！』溫蒂阿姨說。她們朝著一口井走去。來到了井邊，溫蒂阿姨便拉著安妮的手一起探頭往井裡看。」

「注意聽！」

「她們倆一同傾耳靜聽著。只聽見從深黑的井底，傳來一陣陣微弱的聲音『啾！啾！』。」

「『那就是我的小鳥，正是牠！』」

安妮不禁叫了起來。『好可憐的小雀雀！我們怎麼把牠救出來呢？』

『現在我們趕快一起去告訴妳爹地吧！』溫蒂阿姨說。『也許他能想出一個好辦法來。』

『爹地，我們找到牠了！』安妮叫道。『牠在那口井裡。我們有什麼辦法把牠救出來呢？』

『沒有好辦法了，』安妮的爹地說。『因為井那麼深，我們沒有到井底的長梯子！』

『可是，我們總不能把牠丟在那裡不管呀！』安妮說著說著就哭了。『讓我到井裡去把牠救出來。』

『什麼？妳要到井裡面！』她的爹地大聲說。

『是的，我已經決定了。爹地，你可以把我放在大桶子裡，再將桶子垂吊下去，等我救起小雀雀之後，我

會拉拉繩子，你再把我拉上來就可以了。』安妮勇敢地說。」

「『不行，那很危險，萬一出意外的話，連妳也會掉在井裡了。』安妮的爹地說。」

「『可是我們總得想想辦法呀！』安妮說。『我想除了這個辦法，沒有其他辦法可想了。而且我認為這個辦法應該沒有問題。爹地，我們現在就去吧！再不把小雀雀救出來，牠可能就要死在裡面了。』安妮哭著說。」

「爹地看見安妮這麼認真，只好答應了，於是安妮、安妮的爹地、溫蒂阿姨三個人一起走到井邊。他們仔細地對那又黑又深的井觀察一會兒。」

「『安妮，妳真的要下去嗎？』安妮的爹地問。」

「『當然是真的！』勇敢的小安妮回答，『你沒聽見小雀雀正在啾啾地

叫我嗎？』」

「安妮隨即一言不發地踏進吊桶。她的爹地用繩子把她牢牢綁住，以免她不小心滑出桶外，就掉入井底了。然後他小心翼翼地把她從井口慢慢垂降下去。」

「安妮蹲在吊桶裡，隨著繩子的長度往下，往下，再往下去。井裡越來越暗！可是當她越往下，小金絲雀『啾！啾！』的聲音也越來越大。牠似乎也猜到安妮要來救牠了。安妮一點也不害怕黑暗，因為她一心一意只想救她的朋友。」

「最後，『撲通』一聲，吊桶碰到水面了，於是安妮的爹地停下動作，不再往下放繩子。」

「『小雀雀！小雀雀！』安妮睜大了眼睛在黑暗中搜索，嘴裡也不停地叫著金絲雀的名字。這隻可憐受驚的

小金絲雀，就停在井邊一塊凸出的磚頭上。於是安妮伸出她的小手來，抓住金絲雀，然後拉拉繩子，示意她找到了金絲雀。她的爹地很快就把他們倆拉上去了。」

「拉上來後，安妮的爹地連忙緊緊地把這位勇敢的小女孩摟在懷裡，他是多麼為她感到驕傲啊！」

「『難道妳不害怕嗎？』爹地對安妮說。『當然不怕！』她回答，『我知道你會抓住繩子的。』」

「『妳真是一位勇敢的小孩！我以妳為榮！』安妮的爹地高興的說。」

爹地講完故事後，笑著問麗莎和朗尼：「如果有一天，瑪魯有危險了，你們會不會像安妮一樣，不顧危險地營救牠？」

麗莎和朗尼漲紅了臉，急忙說：「當然會去救牠啦！」

「既然你們都說會去救牠了，那當然也會幫牠洗澡了，對不對？」爹地打趣地問。

「我們現在就去幫牠洗澡！」麗莎和朗尼不好意思地點點頭說。說完，他們倆就連忙衝出去準備毛巾及浴盆了。剛回到家的傑利還覺得很奇怪，怎麼一下子就沒聽見姐弟倆吵架的聲音了。

25

遲到的代價

　　米諾是個可愛的小男孩，他剛滿六歲，開始進學校讀書了。他很喜歡去學校上學，跟同學聊天，也很愛他的老師；可是，有一件事他老是無法做到，那就是準時上學。

　　他並不是每天都遲到，只是一星期內總是會遲到三、四次；而且每次遲到之後，他都會說他以後一定要早一點起床，不要老是遲到，可是他就是沒辦法早點起床。

老師時常提醒他，他不應該遲到。所以老師有時罰他站牆角，或抄寫功課，可是這些方法都沒有用。他的媽咪拿他沒辦法；因為就算她一直催他快點，但結果還是一樣。

真正的問題是米諾太貪玩，又太貪睡，常常忘了注意時間。舉例來說，爹地在後院裡，做了一個漂亮的大沙坑。米諾每天都會在那兒玩上好幾個鐘頭，有時一個人自己玩，有時跟麗莎玩，不過麗莎常捉弄他，所以他比較喜歡自己玩。他會像其他孩子們在海灘上做壕溝和堆堡壘，只要他一放學回家，就直接跑到沙坑那裡去，一直玩到媽咪喊他吃飯。

可是每次媽咪喊他，他總是很不情願的回來，他老是說：「等一下，媽咪，我要做好這個堡壘。」媽咪等了他一陣子，再叫他，他還是不回來，

有時非得去拉他才肯來。

　　早上也是這樣，媽咪喊他起床，他總是說：「等一下，媽咪，我再睡一分鐘就好了。」但媽咪等了一陣子，再叫他，他還是沒下樓，有時非得去樓上把他拉起來才行。媽咪心裡想，一定要讓米諾明白時間的重要性；要他知道在規定的時間裡完成事情，是很重要的，但是要用什麼好方法呢？

第二天早上，機會來了。

米諾如同往常一樣，上學幾乎快遲到了。於是米諾開始加快腳步，「不要遲到，不要遲到！」米諾邊走邊重複老師跟他講的話，可是，他還是遲到了。

奇怪得很，教室裡一個人都沒有。同學和老師全都不見了。奇怪！出了什麼事嗎？他想他還是在教室裡等好了，看看他們會不會回來。但是等了好久，還是沒有人回來。於是米諾走到學校的遊玩區，一個人在那兒玩了很久。

大概過了一小時，米諾聽見遠方傳來同學們快樂、高興的講話聲，聲音越來越近，不一會兒，同學們和老師陸陸續續走進教室了。

「今天的活動真好玩！有一位夫人請我們到她花園裡玩，」幾個同學高

興地對米諾嚷著說。

「是啊！」一位同學說，「她還讓我們採她家樹上的蘋果及梨子呢！」

「她還請我們吃好多好吃的糖果和餅乾！」另外一位說。

「米諾，你到哪兒去了呢？」老師問。「在幾個星期之前，我已經對全班同學宣布，我們今天要去參觀附近的農場。早上怎麼沒看見你，你是不是又遲到了？今天大家都玩得真高興呢！」

米諾開始哭了。

「我好希望我能一起去，」他大哭起來了。

「我想你沒辦法去了，因為我們都回來了，」老師解釋著，「你為什麼不準時來學校呢？」

「呃⋯⋯呃⋯⋯我不知道⋯⋯我想我⋯⋯呃⋯⋯睡過頭了。」米諾支支

吾吾地說。

可憐的米諾就這樣錯過了這次的校外參觀活動，不過他覺得很奇怪，老師這次並沒有特別處罰他。

老師說他失去了這次參觀農場的機會，就已經得到足夠的懲罰了。不過她也說，下次米諾仍然遲到的話，她還是會處罰他的。

經過這次的教訓後，米諾變得比較早起了，雖然他還是會遲到，但他不敢再像以前那樣幾乎天天遲到了。因為這次的經驗對他來說，已經夠讓他記住時間的重要性了。他知道最好還是按照媽媽及老師說的話去做，免得沒有東西吃，又要受罰。

不守諾言的後果

「媽咪，讓我到河邊玩嘛！大家都約好，今天要一起去的。」朗尼苦苦哀求著。

「孩子，今天可不行喔！」媽咪皺起眉頭說，「你知道你的重感冒才稍微好一點而已，不能再二度感冒了，所以你今天不能跟他們一起去玩。改天吧！」

「可是……媽咪，我的感冒已經好了！而且我和同學很久前就約定今天

235

要去河邊了。」

「你的感冒還不算痊癒，如果你自己小心一點，多注意自己身體的話，下星期你就可以跟同學去游泳了。」

「媽咪，讓我去嘛！我保證不下水游泳，只在岸邊跟同學玩球。」朗尼討好地說。

「如果你能不游泳，只在岸邊玩的話，那我就答應讓你去。」媽咪說。

「好的，妳別擔心，我不會去游泳的。」朗尼笑著說。

「好，只要你能答應我的條件，就讓你去。」媽咪再三強調說。

「好，媽咪，謝謝妳！」朗尼說完就一溜煙的奔出巷口，往河邊去。

「溫暖的陽光照在平靜的河水上閃閃發光。一艘破舊的帆船懶洋洋地在水面上行走，到處可見春天來了的景色，那種風光叫任何一個孩子見了都

會動心，　忍不住想跳進水裡。　」

「哈，　朗尼來了！　」一群在河裡游泳的孩子們歡呼起來，　顯然他們都在等候朗尼。　「朗尼，　快下來玩呀！　好玩極了！　快把衣服脫掉！　」

「不行，　我不能下水游泳。　況且我也沒有帶泳褲來。　」

「我的借你。　」是艾迪的聲音，　他很高興地對朗尼說，　自從上次朗尼請他吃便當後，　他們就成為好朋友了。「我已經在河裡泡一整天了。　我不想游了。　」

「不行呢！　」朗尼說，　「我媽咪不讓我游泳。　」

「哈哈，　原來你還是一個吃奶的小孩！　」旁邊一位同學聽到後，　大聲譏笑朗尼。　「哈！　哈！　哈哈……　」河裡的孩子們隨聲附和大笑。

可憐的朗尼！　臉都漲紅了，　他漸漸

感覺不安。

他說：「今天真的不行，我下星期再來跟你們玩！」

「膽小鬼！」第一個說。「原來他不敢跟我們比賽游泳。」第二個說。

「他是不是不會游泳啊？」第三個懷疑的說。

朗尼的決心開始慢慢地動搖了。最後，他想，只下去游一下子應該沒關係！為什麼不下去泡泡水呢？今天陽光又這麼好，河水也是溫的。至少他

能向同學表現出他不是一個懦夫，只要他不說，身體跟衣服也一下子就乾了，那麼媽咪應該不會知道他有下水游泳。

朗尼心裡只掙扎了一下，他決定開始脫衣服了。

「哈！哈！哈！」同學們吆喝大喊了起來。「好勇敢的朗尼，我們給他潑些水。」

不到一分鐘，朗尼就把衣服脫了，穿上艾迪借他的那件濕冷的泳褲。

可是一進入水裡，他就感覺到他沒有像先前所想像的那麼快樂，而且他感覺到自己的身體很不舒服。大家停止向他潑水以後，他竟然已經開始覺得疲倦了。他想回到岸邊前，先游一小段再上岸。可是還沒有游多遠，他的兩條腿已經感到非常疼痛，那是抽筋的預兆。

「救命呀！」朗尼才叫了一兩聲，就喝了好幾口河水。不一會兒，好幾位同學立刻快速地游向他，把他扶上岸，又按摩他的雙腿，直到他能夠再站起來。他們又幫他把衣服穿上。

「我不該下水的，我的重感冒才剛好。」朗尼虛弱地說。

「你為什麼不早講呢？我們若早知道你的病才剛好，也不會跟你開玩笑了。我們馬上送你回家吧！」艾迪關心地說。

「不，不必了，」朗尼堅持地說，「我還是自己走回去吧！」

他回到家裡，正好媽咪不在家，他就從後門溜上樓，趕快爬上床休息。

媽咪回到家後，見到他躺在床上就很驚奇：「咦，朗尼，你怎麼在床上呢？你不是跟同學去河邊玩球嗎？」

「我剛才去過了，」朗尼說。「可

是……嗯……我覺得有點不舒服，還是回家好了。回到家裡，妳不在，我就回床上休息了。」

「你不舒服嗎？我摸摸你的頭，」媽咪說。「哎呀！你又發燒了！」當媽咪把她的手放在朗尼的額頭上時，他的祕密立刻就被發現了。

「朗尼！」媽咪開始有點生氣了。

朗尼明白媽咪生氣了。

「你的頭髮也濕了。」

「媽咪，對不起！」

「不是跟你說過了嗎？為什麼還要下水呢？」

「可是，他們說如果我不下水，就是懦夫！」朗尼委屈地小聲說。

「懦夫！你沒有堅持自己的立場，那才叫懦夫呢！」

「我知道我錯了，因為我想，如果沒有告訴妳，妳不會知道的。」

「朗尼，你沒有聽過有句話說『若要人不知，除非己莫為』嗎？」

「是的，媽咪，對不起，我知道錯了。」朗尼很後悔地說。

「做錯事，不要以為沒人看到就不會被人發現，就算當時沒有人知道，但總有一天它也會自然而然地暴露出來。」媽咪說。

當然，這下子還是免不了要請醫生再來看病了。可憐的朗尼，又得在床上多躺兩個星期了。朗尼非常後悔，不過這一次讓他有多一點的時間，可以好好地把他做的事從頭到尾再仔細想一下了。

湯姆與洋娃娃

　　朗尼因為生病未癒，不得不躺在床上休息。但他心裡卻開始自憐自憫起來了。他的好朋友艾迪來探望他，但朗尼仍一副無精打采的樣子，爹地看到了，就對朗尼說：「今天算你最幸運了，因為我今天要講的故事，只有你一個人能聽到。」朗尼原本躺在床上胡思亂想，一聽到爹地要講故事，而且只講給他一個人聽，精神馬上就來了，立刻坐起來。

爹地看朗尼坐好了，就說：「要注意聽喔！從前有一個小孩，叫作『湯姆』。他以為自己是世界上最不幸的小孩。家庭貧窮，三餐不濟，並且做什麼事都不如意。現在就連他唯一的玩具，一顆玻璃彈珠，也不小心在幾分鐘前滾到水溝裡去了。」

「這時候，他經過一家玩具店的門口，裡面燈火通明，放滿了漂亮的玩具，真讓每個經過的孩子看了都想要買。他在門口停了一會兒，看著其他孩子的爸媽帶著孩子走進去，出來時孩子的手裡都抱著一大包玩具。湯姆只能用羨慕的眼光看著玩具，然後他把手放進褲袋裡，伸得更下去一點，摸到他唯一的一枚小鎳幣，那是他最後的一毛錢。

他多麼希望能替妹妹買一點她喜歡的東西回去──因為這時候她正生病

躺在床上，而且病得很嚴重。」

「可是第二天早上，他的運氣好像變好了。他從家裡出來，才剛走到街上時，一個衣服穿得很考究的婦人馬上攔住他。」

「『你的名字叫湯姆嗎？』她很和氣地問。」

「『是的，夫人。』湯姆說，他很吃驚，不知道出了什麼事。」

「『哦，』那位婦人笑著說，『我們教會名單上有你的名字，希望下星期能邀請你來參加我們的招待會。這一張入場券送給你。』」

「『喔，』湯姆說，不知道該說什麼。『謝謝妳，夫人。可是愛咪怎麼辦？她是我的妹妹，或許到那天她的病會好起來，說不定她也可以去。我可以再要一張入場券嗎？』」

「『恐怕不行，因為這次我們只能

邀請每家一位小朋友，』那位婦人溫和地說。『下一次我們可以請愛咪來參加。』」

「『那我要把東西帶回去，一起跟愛咪分享。』」湯姆喃喃地說。

「於是湯姆參加了那次招待會。大部分的時間，他都忘了心裡的煩惱。一切都是那麼新奇有趣。他一輩子從來沒看過這麼多好吃的東西。」

247

「吃過晚餐後，孩子們開始玩遊戲唱歌，最後，招待會的重頭戲終於開始了，教會開始分送禮物給大家。大家好興奮啊！因為每個孩子都可以選擇自己喜歡的東西。」

「湯姆望著一個個孩子上去挑選禮物，他幾乎沒法安靜地坐在那裡了。他看見桌上擺滿著各種玩具，其中有一個紅得發亮的火車頭——那是他有生以來就一直渴望能夠得到的玩具；他多麼多麼地希望，別人不要把它挑走。」

「最後，終於輪到湯姆來挑選禮物了。『湯姆！』那位站在桌旁的婦人喊著湯姆的名字。」

「『你要什麼呢？湯姆？』那位婦人問他。『你可以在桌上任意挑一樣你喜歡的玩具。』」

「『謝謝你們！』湯姆幾乎不知要

248

如何接受這番好意。他站著那裡，凝視桌上琳瑯滿目的玩具。他的眼睛又定睛在那個紅火車頭。」

「『我最喜歡，』他說，仰起頭來望著那位婦人。『我最喜歡的是紅火車頭；可是假如妳不介意的話，請妳把後面的那個洋娃娃給我。』」

「湯姆雖然一邊說，一邊想盡他最大的努力維持情緒平穩，但是他的眼眶裡卻已經充滿了淚水。這位婦人好像已經明白他的意思了，她一聲不響地把那個洋娃娃拿給他。在湯姆準備走開前，還緊緊握住他的手，彎下身子輕輕地對他說：『湯姆，願上帝保佑你。你是一個好孩子！』」

「可是別的孩子並不明白湯姆的用意。他們先是很吃驚，然後安靜了一會兒之後，有些人就開始叫著、喊著說：『湯姆挑選了一個洋娃娃。』有

的男孩子喊他：『娘娘腔！』」有的人則嘲笑地說：『男生羞羞臉，挑女生的洋娃娃！』還有幾個小女孩一臉不滿地抱怨：『那是我們要的洋娃娃！不要拿走！』」

「頓時湯姆臉紅了；因為大家都在笑他。最後他變得很不自在，但他也不想多說什麼，就戴起他的小帽子，手臂下夾著那個洋娃娃，快步的離開會場。」

「幾分鐘之後，他走進樓上昏暗的小房間裡，愛咪正躺在床上，不停地咳嗽。『哥哥，我好高興看見你回來了！』愛咪說。『我一個人在這裡太冷清了。你得到了什麼玩具嗎？』她好奇地問，一邊說話一邊從床上坐了起來，然後歪著頭用急切的眼光望著洋娃娃。『那個可愛的洋娃娃是要送給我的嗎？啊！哥哥，謝謝你，你真

是對我太好了！』」

「聽到愛咪講的話，湯姆就忘記了他的委屈。他見到妹妹高興的神情，就覺得有一股非常快樂又滿足的暖流穿過全身。就在這個時候，突然有人敲門。原來是招待會裡的那位婦人。『她該不會是來要回洋娃娃的吧？』湯姆很緊張地自言自語。」

「『湯姆！』那位婦人和藹地說，『今天晚上那些孩子們很對不起你，我也覺得很過意不去。他們現在知道事情的真相了。我告訴他們為什麼你選了洋娃娃，他們聽完後對你覺得很抱歉，所以一直要求我把你最喜歡的玩具帶來給你。這個玩具送給你，希望下次能再看到你和愛咪一起來。』說完她就走了。」

「湯姆屏息著打開那個包裹，裡面的玩具就是那個紅火車頭！他開心地

繞著愛咪的小床跳起舞來，笑著說：

『我是世界上最幸運的人！』」

「我比湯姆更幸福，而且爹地的故事只講給我一個人聽，我不會再自憐自艾了。」朗尼說。

「而且你有很多的好朋友都來探望你、關心你。」爹地補充地說。朗尼不好意思地笑著說：「我回學校後，一定會跟他們說，我很幸運有這麼多的好同學！」

28

美麗之泉

　　有一天下午，麗莎不停地對著鏡子左顧右盼，她自言自語地說：「如果我的臉能像莉莉那樣漂亮就好了，老天爺真不公平！」

　　「麗莎，妳不要這樣想！」一個聲音在背後說。

　　麗莎嚇一跳，她轉過身來，原來媽咪正站在她後面。

　　「媽咪！」她驚叫著。「我不知道妳在我後面，嚇死人了！」

「哎呀，我並不是故意站在妳後面嚇妳的！」媽咪說，「我很高興妳想要改變妳的面容。我想妳一定能夠把妳的臉變得比現在更美。」

「真的嗎？我能嗎？」麗莎高興地問。「可是我要怎麼做呢？學校裡有一些同學告訴我說，有一種特別的口紅可以使嘴巴看起來很漂亮！」

「不是的！我所說的東西不是化妝品，」母親大笑著說，「我知道有一種方法，可以使妳的面容永遠不用化妝，就可以變得很漂亮。」

「這是真的嗎？媽咪，趕快告訴我吧！」

「當然是真的。」媽咪說。

「媽咪，快點告訴我。」麗莎請求著。「我真的好希望我能像莉莉那樣漂亮。」

「我得先講一個故事給妳聽。」媽

咪說。

「好呀！」麗莎說。

於是媽咪開始講了：「從前，有一位小女孩，她的臉長得很平凡。」

「那就是我，」麗莎說。

「妳不要打岔！」媽咪皺著眉說，「不然，我就不講了。」

256

「好嘛！」

「這個小女孩脾氣不好。她不愛聽爸媽的話，有時回答爸媽的問話，也很不客氣，因此，她的爸媽氣得常常在想，他們是不是做錯了事，所以老天爺才用這個孩子來處罰他們。當然她一發脾氣的時候，只會讓自己變得比平時更醜。不過很奇怪，她心中最大的心願，卻是希望自己有一天能變得漂亮又美麗。只要能變美麗，無論什麼事她都肯做。」

「媽咪，妳是不是在講我？」麗莎懷疑地說。

媽咪不管麗莎的插嘴，繼續說著：「有一天晚上，這位小女孩做了一個夢。她夢見她讀了一本書，書上講到在遠方有一座奇妙的美麗之泉。無論是長得再醜的女孩子，只要跳進這個泉水裡，就會變成世界上最漂亮可愛

的女孩。所以她立刻出發去尋找這個泉水。歷經一連串險惡和災難後，她終於到達了泉水旁邊。正當她想要跳進去的時候，忽然發生一件意外。」

「發生了什麼事？」麗莎聽得非常入神，好奇地問。

「有一位天使出現了，天使很嚴肅地說：『小女孩，對不起，現在妳還不能跳進去。妳必須回家，然後整整一個月都不可以發脾氣，而且妳要儘量做好事。過了一個月後，妳再回到這裡來，到那時候我就可以讓妳跳進這個泉水裡。』」

「妳想，這位小女孩有多失望啊！但既然天使都這麼說了，她也只好回家，依照天使的指示去做，可是她並沒有十分努力實行。月底到了，她回到泉水旁邊，剛要跳進去，天使又出現了。天使說：『對不起，妳還沒有

準備好。妳必須再回家去，三個月之內不可亂發脾氣，而且還要盡可能的做好事。三個月後再回來，我就會讓妳跳進這座美麗之泉。」

「小女孩又再次憂愁難過地回家去了，這次她很努力地按照天使指示的去做。過了三個月，她又回到泉水那裡，剛要跳進去，天使就出現了，又吩咐她回家去，過了六個月再來。這叫這位小女孩簡直受不了了；可是她既然一心想要有美麗的外貌，就對自己說：『我這次一定要實實在在地努力下功夫。我要在每一天每一分鐘都小心不發脾氣，我要盡力好好對待每一個人。』」

「一個月一個月慢慢地過去了。這一次這位小女孩很努力地依照天使所說的話去做。她的爸媽從來沒見過她那麼乖，他們開始覺得奇怪，這究竟

是怎麼一回事。」

「最後六個月又滿了，這位小女孩再次回到美麗之泉。這一次她等候著天使，可是天使卻一直沒出現。偶然間，她往那美麗之泉的池子裡一照，妳猜她看見了什麼？」

「我不知道，」麗莎說。

「她看到一個從來沒有見過的美麗女孩，笑得那麼甜美，面容那麼和顏悅色，看起來真是漂亮極了。」

「『奇怪，這是誰的倒影呢？』她小聲地問。」

「『那就是妳，池水只不過映出妳自己美麗的面容，』天使走近她說。『現在妳已成為可愛漂亮的女孩了，用不著再跳進泉水裡去了。』」

「那麼，」麗莎忍不住又插嘴說，「我想這位小女孩一定醒悟了。」

「她的確醒悟了。並且決定照著天

使所提議的去做。」媽咪說。

「那她是不是變得更美麗了呢？」

「那的確幫助不少！」媽咪回答。

「媽咪，妳想我如果也照著天使所說的去做，我是不是也會變得美麗可愛？」麗莎心動地說。

「當然囉！」媽咪說，「這就是使人變美麗的最有效方法。」

「那我以後不可以亂發脾氣，還要儘量做好事。」麗莎照照鏡子，又自言自語地說。這一次媽咪在旁邊只是微笑不語。

誰打開了櫥櫃的門

　　麗莎在外表上跟其他年紀相仿的女孩子一樣。　不論是身高、　體型都看不出她有什麼特別的地方，　但是認識她的人，　都知道她有一個與眾不同的地方：　那就是她比其他任何女孩子都還要好奇。

　　聖誕節的前幾天，　麗莎邀請同學來家裡吃晚餐，　所以那天下午她很積極地幫媽咪在廚房準備。　平常媽咪做菜的時候，　她也喜歡在旁邊幫忙。

因為有同學要來家裡吃飯，所以麗莎比平日更興奮。她看看這一盤菜，再看看那一盤點心。她不斷地把手指伸到媽咪拌好的菜裡面，想嚐嚐味道如何。

媽咪終於對麗莎這樣的動作開始感到厭煩，就叫她到附近的一家商店去買東西。麗莎一出門，媽咪很快就把所有的菜都準備好了，但她想既然還有時間，不妨為麗莎的同學做一樣特別好吃的甜點。

媽咪把剛剛做好的蛋糕橫切兩半，在中間塗上一層厚厚的草莓夾心，然後在蛋糕的外面塗上今天早晨剛做好的鮮奶油，再把幾片香蕉、草莓和一兩顆又紅又亮的櫻桃裝飾在蛋糕上面，做好後媽咪就把這盤蛋糕放在櫥櫃裡，心想等到晚上再拿出來給小朋友們吃，他們一定會很高興的。

不久麗莎回來了，她還是跟剛才一樣的好奇，她想知道媽咪在她出去的時候做了些什麼菜。她看爐子上面是空著的，猜想媽咪的菜大概都已經做好了，放在冰箱和櫥櫃裏了。她走到媽咪放那盤蛋糕的櫥櫃面前時，媽咪剛好叫住她。

「麗莎，不要開櫥櫃！」媽咪急忙阻止麗莎。

「可是，媽咪，我想看看你做了什麼菜嘛！」麗莎撒嬌地說。

「現在先不要開！我要給你們一個驚喜！」媽咪很堅決地說。

麗莎很勉強地走開了。但她的好奇心卻增加了十倍。那個櫥櫃裡到底有什麼好吃的東西？一定是特別好吃的東西。但那會是什麼呢？麗莎多麼渴望能夠馬上打開櫥櫃，看它一眼，於是她又慢慢地走近櫥櫃。

「麗莎！」媽咪再次叫住麗莎。

麗莎知道媽咪的口氣是什麼意思，所以她只好走開。

「媽咪，可不可以告訴我裡面到底是什麼？」她央求著問。

「不要問！那是特別給你和另外兩個小朋友吃的好東西。」媽咪說。

「可以看看嗎？媽咪，我只要看一眼就好了。」麗莎再三乞求說。

「不可以！這樣就不算是給你們的驚喜了！」媽咪仍舊堅持地說。

就在這時候，隔壁李太太從後院牆邊喊了麗莎的媽咪一聲，要媽咪過去看看她家的小寶寶，小寶寶生病了。

媽咪對麗莎作了最後一次警告，不許她碰櫥櫃，然後就匆匆地到隔壁李家去了。

麗莎還是站在廚房裡，她的好奇心依舊不減，她的眼睛一直盯著那個櫥

櫃。哦！裡面到底是什麼東西呢？

「我只要看一眼就好了。難道媽咪真的會因為我看一眼就不高興嗎？她不會知道的。」她自言自語地說。不過她還記得媽咪最後的警告，雖然如此，她還是望著那食櫥，想把櫥門打開來看，她的心裡不斷地掙扎著。

「只要看一下就好！」她一邊想，一邊走向櫃子。

麗莎下定決心！於是，她拉了一把椅子到櫥櫃底下，爬上椅子，慢慢地用手指拉開櫥櫃的門。那門發出吱吱的聲音，她轉過頭來看媽咪是不是來了，沒有什麼人走進廚房。

櫥櫃的門輕輕地打開約十公分寬，麗莎向裡面偷偷地看了一下。啊！原來就是這個！哇！這個蛋糕看起來好漂亮、好好吃的樣子。她想把櫥門開得再大一些，但因為櫥櫃的門很重，

麗莎用力一拉，它一下子就完全打開了。

麗莎看著那盤蛋糕，她向前彎下身去聞聞味道。「一定很好吃！」她一邊想，一邊伸出她的小手去嚐一下。多好吃的鮮奶油啊！她又嚐了一下。

就在那時候，突然旁邊發出一個很小的聲音，她害怕地趕快轉過身來。她四周望了一下，並沒有發現什麼東西，不過她確實聽到聲音，也感覺到旁邊似乎有東西閃了一下。她很害怕，就匆匆地關了櫥門，離開廚房。

大概到了五點鐘的時候，麗莎的同學來了。媽咪看小朋友都來了，就問麗莎：「麗莎！你現在要不要去看看櫥櫃裡面有什麼東西？」媽咪問。

「好的，我——」麗莎有點羞怯地說，她看來很不自在。

媽咪覺得很奇怪，但沒有說什麼。

　　麗莎穿過房間來到廚房，正如她剛才所做的一樣，她把椅子放在櫥櫃下面，爬了上去，把櫥門打開。忽然她驚惶失措地喊了起來。

　　「媽咪，裡面什麼也沒有呀！」麗莎嚇一跳地大叫。

　　「什麼！」媽咪驚訝地問。

　　媽咪跑過來向裏面一看，可不是嗎？下午她才放進去的蛋糕，現在只剩下一點碎屑兒在盤子裡了。

　　「麗莎！你碰過它沒有？」媽咪失望地說。

　　麗莎已經哭起來了。「沒——有——嗯——我沒偷吃。我真的沒偷吃，我只是看了一下——怎麼會這樣呢？」她啜泣著。這時，媽咪聽到廚房的桌子底下有個很小聲的喵喵叫聲，她走過去低頭一望——原來是鄰居安妮家的貓「蒂蒂」。

「麗莎，你是不是開過櫥櫃的門？」媽咪問道。

「媽咪，我沒有把貓放進去！一定是牠自己跳進去的——我明明記得我有把櫥門關上——哎！」麗莎嘆氣地說。事情最後的結果是這樣的：隔壁家的小貓蒂蒂挨了一頓罵，而麗莎不僅沒有吃到蛋糕，還被媽咪訓了一頓。最可憐的是這兩個被邀請來的小女孩，沒有甜點可吃，麗莎的心情又不好，兩人只好吃完晚餐後就匆匆回家了。

隔天，爹地知道這件事後哈哈大笑，朗尼、傑利也覺得很好笑，只有米諾覺得很可惜蛋糕被貓咪吃掉了。

「爹地！你們怎麼一副幸災樂禍的樣子！太過份了！」麗莎很生氣地說。「好！好！麗莎，不要生氣，我講一個故事給你們大家聽！」爹地安撫

地說。

「這是一個很古老的真實故事，說實在的，沒有幾種動物像河馬這麼好奇。很久以前，在南非共和國有隻河馬叫『罕伯』，牠就是個最好的例子。這個故事發生在一九二八年十一月的某一天，罕伯從自己所住的水坑探出頭來，東看看，西看看。牠對四周所發現的新東西著了迷，竟爬出水坑，一直向前走，想看看還有什麼新奇的東西沒有。結果牠竟走了十七個月，旅程達四百英里，經過不少城鎮。一天清晨，牠出現於南非的大城市之一『德爾班市』。上班的人被這正慢慢欣賞都市風景的大怪物嚇了一跳，紛紛打電話叫警察。可是等警察趕到時，罕伯已經潛入附近河裏，不見了！罕伯遊覽了數不清的鄉鎮，每到一處牠都會走向商店、學校或教會，然

後站在門口，　往裏面望望。　　」

　「突然間，　罕伯成了全國的英雄，成為電視報紙的頭條新聞，　沒多久，大家也通過一條法律，　禁止任何人傷害牠，　甚至電視台的記者還有獨家報導，　特定追蹤牠的行蹤。　在當時那個時代，　大家沒有什麼說要把牠關到動物園裡，　或把牠抓走以避免牠傷害人們的觀念。　再加上人們對牠抱有新鮮感，　所以也就讓牠自由自在地閒逛。有一次牠在鐵軌上睡午覺，　不管怎麼叫，　怎麼搖鈴，　怎麼鳴笛，　甚至用火車頭推牠都叫不醒，　非等牠睡個夠不可。　還好，　那段鐵軌已經是廢棄不用的了！　雖然大家都很喜歡牠，　但農夫們卻不喜歡牠。　農夫氣牠踩壞了農作物。　農夫多日的辛勞，　常在幾分鐘內就被牠破壞了。　後來，　有個生氣的農夫在一氣之下舉槍把罕伯殺了。　　」

「麗莎，你知道為什麼我要講這個故事給你們聽嗎？」麗莎搖搖頭。

「這隻河馬就是因為太好奇了，加上人們也是好奇心作祟，結果害牠被農夫射殺。所以，麗莎，當媽咪告訴妳不要打開櫥櫃的時候，妳因為太好奇，結果還是打開了！但因為你心虛害怕，沒有把櫥櫃的門關好就跑掉，所以隔壁的貓咪才有機會跑進去偷吃蛋糕。這次妳總該學到教訓了！你們其他人也要記取這次的教訓！」爹地不忘利用機會教育大家。

媽咪生病了

媽咪病倒了。這麼一來，家裡的情況就起了很大的變化！想也知道，每件事情都變得亂七八糟。

可憐的爹地，發現幾乎每件事全得靠自己親手做，因此急得快發瘋了，他現在連講故事的時間也沒有了。還好，爹地在忙亂中想出一個解決的好方法。

一天晚上，他對孩子們說：「孩子們，我看唯一的辦法就是：你們每個

人都負責一件事情。 如果我們大家分工合作， 那麼就能做完家裡的事情， 直到媽咪的病好了為止。 」

「 可是我們都得上學呀！ 」朗尼插嘴說， 「 而且我們的家庭作業也不少啊！ 」

「 我知道， 」爹地說， 「 我的意思是要你們每天早一點起床， 這對你們也是有好處的。 況且， 你們現在若學會了如何整理家務， 將來長大了， 就會覺得家事很簡單， 也很好處理。 」

爹地的理由雖然很充分， 但孩子們的想法卻不是這樣。 他們只想盡力幫助可憐的媽媽做一點家事， 沒有想到以後長大的事。 不過他們也都同意爹地所提的計畫。

傑利的工作是： 每天早上起床準備早餐及午餐便當。 麗莎則負責早上幫媽咪送早餐、 布置餐桌、 整理內務。

朗尼的工作則是每天把衣服放進洗衣機清洗，以及飯後洗碗盤，米諾則負責打掃庭院、餵瑪魯吃飯，其他如採買、接送等雜事就由爹地負責處理。

幾天以來，每個計畫都進行的相當順利，而且大有幫助。每個孩子都很認真、負責，並且都很盡力想把自己分內的工作做得又快又好。

可是，過了沒幾天，這樣熱切的心開始慢慢冷淡下來了。因為每天都有忙不完的雜事，這可真的需要很大的耐性呢！

一天的傍晚，傑利很晚才從學校回來，他覺得很疲倦，而且那天他的功課很多，再加上一堆家庭作業，傑利被這些事弄得心煩意亂，就發起脾氣了。他首先對朗尼生氣，接著又跟麗莎生氣，最後，他竟也對爹地生起氣來，結果最後傑利自己也氣得回房間

去了了。 第二天大清早，鬧鐘一響，傑利就從床上跳起來。 一看，六點半了！ 糟糕！ 昨晚累得睡著了，家庭作業還沒有完成， 還要準備大家的早餐。 這叫他怎麼來得及呢？ 唉！ 要是昨天晚上他沒有對弟妹亂發脾氣，那該有多好啊！ 他們今天早上一定會幫他的，可是現在他卻不敢去找他們幫忙了。 這時候他開始自怨自艾起來。

　　他以比平常更快的速度盥洗和穿衣服，他看看時鐘，雖然看不出有什麼辦法可以一口氣做完這些事情，但他決定先做完功課，然後再衝到樓下去做早餐。正在這時候，他聽到朗尼和麗莎小小聲在他房間外面講話。

　　「傑利今天一定會遲到的，他的功課多到快要做不完了。」那是麗莎的聲音。

　　「可憐的傑利，他可能連早餐都來不及做了。」朗尼十分同情地說。

　　「我想他一定也來不及預備他的午餐便當了，」麗莎說，「這麼一來，他只能挨餓了。」

　　「好吧！我們幫他準備早餐及午餐便當好了。」朗尼建議說。

　　「可是，」麗莎還在考慮地說，「昨天晚上他對我們那麼不客氣，大聲罵我們沒有好好做家事，其實我們也

281

很努力在做呀！爹地還不是很辛苦，可是爹地也沒有隨便對我們亂發脾氣啊！真討厭。」

「沒錯，但那是因為昨晚他太疲倦了，才會這樣的，」朗尼回答說。「平常他不會亂發脾氣的，他對我們一向都很好呀！他是個很好的大哥。」

「嗯，我知道，」麗莎同意地說。

「妳既然知道，那就好了；我們趕快下樓去幫他準備大家的早餐與午餐便當吧！」朗尼說。「現在可要小聲一點喔！」麗莎也附議地說。

於是，兩個小傢伙不聲不響地溜下樓來。

很快地，半小時過去了。

傑利寫完作業，抬起頭來看時鐘。哇！快七點半了！他必須要準備上學了，可是，早餐也沒有預備。他在難過之際、幾乎快要哭出來的時候，聽到有人敲門，他快步去開門。原來是麗莎和朗尼兩個人站在門外。

「你最好快一點下樓去吃早餐，不然你會來不及上學喔！我們幫你把午餐也準備好了。」麗莎笑瞇瞇地說。

「太謝謝你們了！」傑利滿臉通紅難為情地說，「實在麻煩你們了，真

283

不好意思。昨天晚上非常對不起。我不該對你們亂發脾氣的，今天下午我會帶你們喜歡的糖果回來，我一定會記得的。」

「喔耶，真的好棒喔！還是傑利對我們最好！」麗莎、朗尼同聲叫了起來，站在後面的爹地也微微一笑。只有米諾睡眼惺忪不解地說：「發生什麼事了？為什麼麗莎和朗尼那麼開心呢？」他們四人互望了一下，就趕快下樓去了。

過了兩個星期，媽咪終於康復了。這一天，爹地去醫院把媽咪接回家。大家還特地把家裡裡裡外外都打掃一番。媽咪看著井然有序的擺設，一塵不染的房間，笑著說：「真的令我驚訝！我以為我開門後，就會看到散落一地的衣服，還有堆積如山的骯髒碗盤呢！沒想到你們這麼貼心，太令我

285

感動了！有這麼乖的孩子，我真以你們為榮。」

「媽咪，這幾天我都很乖！我都沒有吵著爹地要他帶我去醫院看妳喔！爹地跟我說，醫院不適合小孩子去，我就沒去了……。」米諾開心地衝過來抱住媽咪，一直說著他這幾天在家裡的好表現。

「媽咪，我好想妳喔！」麗莎也過來抱著媽咪，「妳不在，我們要做好多家事，好辛苦喔！」

「對呀！現在我們才真正的了解，媽咪才是家裡最辛苦的人！以後我不會再隨便抱怨了。而且我一定會幫忙做家事，不會讓妳太勞累。」朗尼站在麗莎後面說。

「以後我們要多注意媽咪的身體，也要幫忙做家事，這樣她才不會再生病了！」傑利笑笑說。

「現在你們知道媽咪多辛苦了吧！但我很高興我們家的小孩，每個都是孝順又體貼爸媽的好孩子！」爹地看著媽咪說。大家開心地笑了。

287

國家圖書館出版品預行編目資料

小小孩能做大大事：30個好品格養成故事/馬思威原
著；黃盟雅等繪；時兆編輯部譯. -- 二版. -- 臺北市：
時兆出版社, 2022.06
面；公分. --（好兒童喜樂故事集）
注音版
譯自：Uncle Arthur's bedtime stories
ISBN 978-626-95109-3-1(平裝)

1.CST: 德育 2.CST: 品格 3.CST: 通俗作品

528.5   111007615

小小孩能做大大事

好兒童喜樂故事集｜新修版

作　　者　馬思威
譯　　者　時兆編輯部
繪　　者　黃盟雅、劉彩玉

董 事 長　金時英
發 行 人　周英弼
出 版 者　時兆出版社
客服專線　0800-777-798
電　　話　886-2-27726420
傳　　真　886-2-27401448
地　　址　台灣台北市105松山區八德路2段410巷5弄1號2樓
網　　址　http://www.stpa.org
電　　郵　service@stpa.org

責　　編　林思慧
文字校對　時兆編輯部
封面設計　時兆設計中心　林俊良
美術編輯　時兆設計中心　林俊良
商業書店　總經銷　聯合發行股份有限公司 TEL：886-2-29178022
基督教書房　TEL：0800-777-798

網路商店　PChome商店街、Pubu電子書城　小小孩能做大大事

I S B N　978-626-95109-3-1
定　　價　新台幣320元
出版日期　2022年6月　二版1刷
郵政劃撥　00129942
戶　　名　財團法人臺灣基督復臨安息日會

PRINTED WITH SOY INK　本書使用環保大豆油墨印刷